A

PRESENÇA

Livros de Bill Johnson

A Life of Miracles

Dreaming With God

Release the Power of Jesus

Strengthen Yourself in the Lord

The Supernatural Power of a Transformed Mind

When Heaven Invades Earth

Here Comes Heaven

Spiritual Java

Center of the Universe

Momentum

Walking in the Supernatural

DISPONÍVEIS EM DESTINY IMAGE PUBLISHERS

Bill Johnson

A

PRESENÇA

Desvendando os Assuntos Celestiais

LAN

2a impressão
Rio de Janeiro, 2016
www.edilan.com.br

A PRESENÇA
Desvendando Questões Celestiais
Por Bill Johnson
Editora Luz às Nações Ltda. © 2013

Coordenação Editorial: *Equipe EDILAN*
Impressão: *Sermográfica*

Originally published in the USA by

Destiny
Image

Shippensburg, PA, USA
under the title
Hosting the Presence
by Bill Johnson
Copyright © 2012 - Bill Johnson - USA

Originalmente publicado nos Estados Unidos sob o título HOSTING THE PRESENCE por Bill Johnson.

Publicado no Brasil por Editora Luz às Nações Ltda. Rua Rancharia, 62, parte — Itanhangá — Rio de Janeiro, Brasil. CEP: 22753-070. Tel.: (21) 2490-2551. 1ª edição brasileira: junho de 2013. Todos os direitos reservados.

Salvo indicação em contrário, todas as citações bíblicas foram extraídas da Bíblia Sagrada Nova Versão Internacional (NVI), Editora Vida; da Almeida Corrigida e Revisada Fiel (ACF), SBB e da Almeida Atualizada (AA), SBB. As demais versões foram traduzidas livremente do idioma inglês em função da inexistência de tradução no idioma português.

Por favor, note que o estilo editorial da Edilan inicia com letra maiúscula alguns pronomes na Bíblia que se referem ao Pai, ao Filho e ao Espírito Santo, e pode diferir do estilo editorial de outras editoras. Observe que o nome "satanás" e outros relacionados não iniciam com letra maiúscula. Escolhemos não reconhecê-lo, inclusive ao ponto de violar regras gramaticais.

CIP-BRASIL. CATALOGAÇÃO-NA-FONTE
SINDICATO NACIONAL DOS EDITORES DE LIVROS, RJ

J65p

Johnson, Bill, 1960-
A presença : desvendando os assuntos celestiais / Bill Johnson ; [tradução Mylena Araújo Cardoso]. - 1. ed. - Rio de Janeiro : Luz às Nações, 2013.
200 p. ; 23 cm

Tradução de: Hosting the Presence
Inclui bibliografia e índice
ISBN 978-85-99858-47-9

1. Vida cristã. 2. Fé. I. Título

13-00459   CDD: 248.4
                  CDU: 27-584

24/04/2013   24/04/2013

Dedicatória

Dedico *A Presença* à Dra. Heidi Baker da *Iris Ministries International*.

Sei que não é muito comum dedicar um livro à mesma pessoa que escreveu o prefácio, mas devo fazer isso neste caso. Heidi Baker é uma das pessoas mais notáveis que já conheci. Sua habilidade de doar-se aos mais pobres dos pobres e aos mais necessitados dos necessitados faz com que ela se destaque dentro de um mundo de ministérios que clamam por sucesso apelando para os que têm sucesso. Felizmente, existe um número crescente de pessoas que seguem o padrão que Heidi tem exemplificado ao redor do mundo. Elas merecem nosso amor e apoio. Mas a singularidade de Heidi vem de sua habilidade de servir também aos mais ricos dos ricos, sem as segundas intenções de querer o que eles têm para o ministério dela. E isso ela faz com mais uma qualidade extremamente rara: não os envergonha por seu sucesso. Ao contrário, ela celebra isso.

Antes de conhecer Heidi, eu teria dito algo assim: "Num mundo perfeito, haveria uma pessoa que incorporaria as vidas de Madre Teresa e Kathryn Kuhlman". Ao longo dos anos, tenho notado que Heidi possui os mesmos frutos dessas duas gigantes da história da Igreja. Ela vive com medidas iguais de compaixão e de poder. Pelo visto, este tem se tornado um mundo mais perfeito do que eu originalmente havia pensado ser possível.

Eu tenho tido o incrível privilégio de servir ao lado de Rolland e Heidi Baker em todo o mundo, inclusive em sua sede em Moçambique. Eles continuamente me impressionam. Uma das coisas que tenho testemunhado dia após dia, ano após ano, é que eles são os mesmos em particular e em público – humildes, apaixonados e que honram aos outros. A paixão de Heidi pela Presença de Deus em sua vida é o combustível pelo qual ela é reconhecida e, por essa razão, dedico este livro a ela. Ela exemplifica o coração desta obra muito profundamente.

O Iris Ministries hoje possui bases em todo o mundo. Rolland e Heidi vivem em Pemba, Moçambique.

(É claro, ela escreveu o prefácio sem saber para quem eu faria a dedicatória)

AGRADECIMENTOS

Quero agradecer a Mary Berck e a Michael Van Tinteren por fazerem parte da pesquisa necessária para este livro. Foi uma ajuda que não tem preço para mim. Kristin Smeltzer e Shara Pradhan, o trabalho de vocês de juntar todos os meus manuscritos foi uma ajuda de valor inestimável. Judy Franklin, Pam Spinosi e Dann Farrelly – cada um de vocês teve um papel fundamental ao me ajudarem a revisar e a editar este projeto. Obrigado a todos.

Reconhecimentos

Em *A Presença*, Bill Johnson desperta o nosso coração para nos aprofundarmos em Deus; desafia nossa mente para abraçar o Espírito Santo com entendimento renovado e acende nosso espírito com uma paixão fervente por buscar e manter Sua doce presença. As verdades e os testemunhos contidos nessas páginas inspiradas abrirão os olhos do seu entendimento a uma dimensão totalmente nova de rendição ao Espírito Santo. *A Presença* é leitura obrigatória para todo cristão que deseja amar e honrar a Jesus da forma como fomos criados para fazer.

Dr. Ché Ahn
Pastor Senior, *HROCK Church*, Pasadena, Califórnia
Presidente da *Harvest International Ministry*
Chanceler Internacional do *Wagner Leadership Institute*

Um dos nossos maiores chamados é hospedar a Presença do Espírito Santo de Deus. Minha maior alegria e meu grande prazer nesta vida são ser como um abrigo onde a pomba do Espírito do Senhor possa se sentir em casa. Ao longo dos anos, tenho tido a honra de observar o Espírito Santo pairar sobre diferentes igrejas, reuniões, cidades e nações. Porém, raramente vejo uma pessoa, um lugar ou um ministério se tornar um lugar de habitação sobre o qual o Deus do Agora constrói um ninho e não apenas paira, mas também pousa. Este livro é repleto de lições e histórias atuais de um homem de Deus chamado Bill Johnson e de um povo arriscado chamado *Bethel Church*. É uma honra recomendar as lições aprendidas por essa equipe composta por pessoas que buscam ao Senhor. Junte-se a elas e seja alguém que hospeda a Presença da Pomba Celestial.

James W. Goll

Encounters Network, Prayer Storm, Compassion Acts

Autor de *The Seer* (O Vidente), *A Radical Faith* (Uma Fé Radical),

The Lost Art of Intercession (A Arte Perdida de Intercessão)

e muitos outros.

O novo livro de Bill Johnson, *A Presença*, é um livro muito importante sobre o assunto mais importante de todos – experimentar Deus. Eu li este livro numa manhã e amei. Fiquei emocionado com as percepções pessoais de Bill, fui capturado por suas frases perspicazes e desafiado ao ler de novo sobre outros grandes filhos de Deus e suas experiências com Ele. O objetivo deste livro é nos recalibrar, nos chamar de volta ao primeiro amor e nos lembrar de não permitir que coisas pequenas nos roubem o mais importante – o nosso relacionamento com Ele. Creio que este livro se tornará um devocional clássico para os nossos dias assim como os escritos de Andrew Murray foram para uma geração passada. Você não irá querer perder esta leitura, então compre e experimente Deus ao colocar em prática a sabedoria de um líder moderno na fé. Acredito que se for permitido ler livros no Céu, este estará na lista dos *best-sellers* e os críticos de outras gerações lhe dariam cinco estrelas. Seria inclusive recomendado pela "Revista do Céu".

Randy Clark
Autor de *There Is More* (Existe Algo Mais)
Coautor com Bill Johnson de *The Essential Guide to Healing*
e *Healing Unplugged*
Fundador do *Global Awakening* e do *Apostolic Network of Global Awakening*

Apenas um punhado de homens possuem a unção especial que Bill Johnson carrega para anunciar a presença de Deus. Tenho testemunhado em muitas ocasiões os milagres incríveis que resultam dessa porção da graça. Eu fui completamente absorvido e abençoado por cada página de seu novo livro, *A Presença*. Este livro ministrou ao meu coração sobre a presença de Deus como nenhum outro antes. As ondas da glória de Deus me impressionavam enquanto eu fui cativado pelas revelações de cada página. Nunca havia visto Moisés, nem Gideão, nem Davi dessa maneira. E essas revelações não paravam de surgir. Este será meu manual para este ano. Apenas posso dizer obrigado, Bill, e aplausos por esses tesouros aqui revelados. Para todos os crentes sedentos por mais da unção de Deus e por saber como administrá-la, este livro é o que vocês estavam esperando. Maravilhoso, incrível, transformador de vida!

Mahesh Chavda
Pastor Titular, *All Nations Church*

Conteúdo

Prefácio   15

Introdução   19

1. A Missão Suprema   21

2. De um Jardim para Outro   29

3. A Mentira da Insignificância   47

4. A Presença que Nos Capacita   63

5. Pré-Estreia   79

6. Respostas a Clamores Antigos   91

7. O Protótipo Supremo   109

8. Avivamento Fundamentado em Jesus   127

9. Enviando a Pomba   141

10. O Lado Prático de Sua Presença   165

11. Batismo de Fogo   177

    Notas Finais   197

Prefácio

O livro de Bill Johnson, *A Presença*, é um dos livros mais poderosos que já li. Antes do fim do capítulo 1, eu estava quebrantada e me encontrava emocionada e clamando por mais da presença manifesta de Deus na minha vida. Fui devastada por uma forte sede de ser totalmente possuída pela Glória de Deus, e preenchida por um desejo renovado de ter minha vida reconhecida por Sua Presença.

Os testemunhos dos encontros de Bill com Deus fizeram com que eu me lembrasse das minhas próprias experiências que transformaram a minha vida. Lembro-me de uma ocasião especialmente poderosa durante uma reunião em Toronto, no Canadá, em que eu fui tocada pelo Espírito Santo. Meu amigo Randy Clark estava pregando e, durante sua mensagem, eu fiquei tão desesperada pelo que ele falava que, mesmo sem um convite para ir ao altar, eu corri até a frente e levantei meus braços para Jesus. Lembro-me de ouvir Randy dizendo que Deus queria saber se eu queria a nação de Moçambique. Quando eu respondi gritando um "Sim!" enfático, o Espírito Santo me quebrantou completamente e eu senti Seu amor líquido pulsar através de mim como choques elétricos. Foi tão poderoso que eu pensei que poderia morrer. Eu não pude me mover, caminhar, nem falar por sete dias e sete noites. Tive que depender do Corpo de Cristo para me ajudar com tudo! Durante aqueles dias, aprendi sobre minha total dependência não só de Cristo, mas também de Seu Corpo. Eu sentia uma mão pesada e ungida descansar sobre o meu coração e um rio de amor fluindo sobre mim repetidamente. Eu nunca havia sentido um amor tão poderoso como aquele até aquela ocasião na minha vida.

Depois, eu soube através do meu marido que ninguém havia colocado as mãos sobre mim durante aqueles dias. Era o próprio Deus colocando Seu ardente coração de amor apaixonado dentro de mim. Esse encontro mudou minha vida para sempre, e não me restou outra coisa a não ser levar o próprio coração e a presença de Jesus para as trevas deste mundo. Desde aquele dia, sempre procuro por portas abertas através das quais eu possa levar Jesus. Através do livro de Bill, o Senhor nos chama para um lugar de relacionamento íntimo onde iremos carregar Sua glória diariamente. Creio que, enquanto você lê este livro, Deus o levará para um lugar mais profundo de amor e abertura ao Espírito Santo e o atrairá a ter seus próprios grandes encontros sobrenaturais com Deus. Este livro o ensinará a reconhecer as portas abertas que Deus tem para você e a liberar o poder e a presença Dele através da sua vida.

Somos chamados para uma comunhão íntima com Ele, em que todas as coisas são possíveis para nós que cremos e que fomos criados para sermos parecidos com Ele. Ao reconhecermos que todos os milagres realizados por Jesus na Terra foram feitos enquanto Jesus era um Homem dependente de Seu Pai celestial, somos convidados a crer que nossas pequenas vidas podem ser usadas da mesma maneira para carregar a maravilhosa glória de Deus. A morte de Jesus na cruz tornou possível a vinda da humanidade para um lugar que havia sido escondido anteriormente, onde a espécie humana poderia carregar a própria Presença de Deus e fazer tudo o que Ele fez. Enquanto eu lia este livro, eu me sentia compelida a continuar insistindo mais, até que as mesmas coisas que Jesus fazia acontecessem na minha vida.

Ao longo dos anos, enquanto escutava os ensinamentos de Bill, fui atraída a avançar para novas esferas de possibilidade e a crer que, através do poder do Espírito Santo, podemos ver coisas que nunca pensávamos ver. Desde que conheci Bill em 1997, tenho visto a vida e o poder de Deus fluírem nele de maneira poderosa. Quando estive em reuniões em que ele pregou, sempre experimentei a presença manifesta de Deus e fui atraída a níveis mais profundos de rendição. Observar a vida pessoal de Bill de intimidade com o Senhor e de entrega total a Ele tem sido uma grande inspiração para mim. Ele é uma das pessoas mais generosas que Rolland e eu já conhecemos, além de sempre buscar capacitar os outros a pairar nas esferas do Espírito Santo. Bill pratica um estilo de vida de sede, intimidade e consciência constante da Presença de Deus.

Eu recomendo altamente este livro a todo cristão que anseia ser inundado pelo Espírito Santo, para que aprenda a viver uma vida centrada na Presença. Jesus deseja habitar não somente em alguns, mas numa geração inteira que é corajosa, imbatível e que ama servir – são aqueles que estão dispostos a se render completamente ao Seu imensurável e incessante amor. Creio que enquanto você lê este livro, Jesus ampliará sua capacidade de carregar a presença Dele, acenderá seu coração com paixão e o levará a novas esferas celestiais. Você se encontrará num lugar mais alto de rendição ao crer que também pode ser preenchido com a plenitude de Deus.

Que você se torne morada eterna de Deus e voe alto em sua missão suprema de ser alguém que hospeda a Presença do Rei da Glória.

Eu estou quebrantada!

Heidi Baker, PhD
Diretora e Fundadora, *Iris Globe*

Introdução

Nunca fui de escrever introduções longas em meus livros – até porque muitas pessoas não as leem. Outra razão é que prefiro colocar no corpo do livro a maior parte do que quero dizer. Mas se há uma coisa para a qual eu gostaria de chamar sua atenção ao apresentar este livro a você, é Salmos 27:4:

Uma coisa pedi ao Senhor, é o que procuro: que eu possa viver na casa do Senhor todos os dias da minha vida, para contemplar a bondade do Senhor e buscar Sua orientação no Seu templo.

É importante que todos nós encontremos essa "uma coisa" que pode se tornar o ponto de referência para os outros assuntos da vida. E essa uma coisa é a Presença do Deus Todo Poderoso repousando em nós.

1

A MISSÃO SUPREMA

Havia algo diferente na atmosfera que cercava o apóstolo Pedro. Ele certa vez teve medo diante de uma serva, negando que conhecia Jesus (ver Mateus 26:69-70). Seu estilo de vida mudou radicalmente depois que foi batizado no Espírito Santo. As pessoas não somente eram curadas quando ele orava por elas, mas pareciam ficar bem quando chegavam perto dele. As histórias desses milagres foram espalhadas até que alguém finalmente notou sua rotina diária – ele andava até o templo para orar. Então, passaram a trazer os aleijados e os enfermos e os organizavam nos cantos das ruas para que pudessem ser curados pela sombra de Pedro enquanto ele passava (ver Atos 5:15). Na verdade, era a Presença de Deus sobre ele, pois *a unção* é uma pessoa. A esperança era que a sombra dele projetasse sobre alguns deles e que fossem curados. Sombras não têm substância. A sombra era meramente o ponto de contato para a fé deles. No entanto, milagres aconteceram com certa regularidade para que as pessoas desenvolvessem esse padrão.[1]

Jesus era conhecido por curar pessoas com e sem oração. De fato, havia vezes em que parecia que Ele sequer estava envolvido com o milagre que havia acontecido através Dele. A partir dos relatos dos Evangelhos, parece ter começado quando uma mulher muito doente viu o potencial de um momento e pensou que, se pudesse ao menos tocar Suas vestes, ela seria curada. Ela sentiu que havia algo disponível através de um toque que era completamente invisível. Aquilo não havia sido feito antes. Nem mesmo havia registro deste processo incluso nas instruções de Jesus sobre "como receber seu milagre". Ele nunca havia sequer sugerido que aquilo seria possível. Aquela mulher viu Jesus agir e chegou à conclusão de que Ele carregava algo em Sua pessoa que podia ser acessado através de um toque.

Não há dúvidas de que a fé estava em ação no coração dela. Mas, raramente, se acontecer, uma pessoa na condição dela se torna consciente de sua fé. O foco não estava nela, estava Nele. Consequentemente, a fé foi a expressão natural daquela mulher. Após tocá-Lo, ela descobriu que sua percepção estava correta, e foi curada (ver Lucas 8:43-48).

A história daquele único milagre foi espalhada até que pessoas de todos os lugares perceberam que aquela era uma forma legítima de ser curado – apenas tocar qualquer parte de Suas vestes. Isso eventualmente se tornou a meta das multidões que O cercavam suplicando *"que pudessem pelo menos tocar na borda do Seu manto; e **todos os que nele tocavam eram curados"** (Mc 6:56). Imagine multidões de pessoas, às vezes na casa dos milhares, tentando tocar as vestes daquele homem. As Escrituras testificam que todos que tocavam Suas vestes *com isso em mente* experimentavam um milagre.

No ministério do apóstolo Paulo, houve uma vez em que ele avançou de *milagres* para *milagres extraordinários*. É incrível como a esfera de milagres pode se tornar tão normal que Lucas, sob a inspiração do Espírito Santo, teve de criar uma categoria separada para descrever os novos milagres. Eles operam em um nível mais alto de mistério, unção e autoridade. Esse momento aconteceu em Éfeso. As Escrituras relatam da seguinte forma: *"Deus fazia milagres extraordinários através de Paulo"* (At 19:11). Foi naquela época que a esfera de milagres excedeu o que aconteceu com Jesus, que as pessoas simplesmente tocavam Suas vestes. Agora, as coisas haviam se desenvolvido para um nível em que pedaços das vestes de Paulo eram levados para os enfermos e aleijados, e eles eram curados e/ou libertos de demônios. Um aspecto único da descrição bíblica é que esses milagres que aconteciam a uma grande distância de Paulo foram descritos como feitos "através de Paulo".

Esses relatos são extraordinários. São vislumbres sobre o agir do Espírito Santo. Nós ainda temos que viver no que já foi revelado, mas creio que isso também implica que existem maneiras de o Espírito Santo agir que ainda não foram descobertas. Esses métodos incomuns revelam como Ele move. Nenhum deles aconteceu porque as pessoas foram instruídas a agir daquela maneira, e nem havia nenhuma sugestão sobre a possibilidade de Seu poder e de Sua presença serem acessados através desses métodos pouco comuns. O povo observava algo invisível e respondia com fé. A fé vê realidades invisíveis e responde a elas. Cada um dos indivíduos envolvidos em receber um milagre respondeu ao que notou existir naqueles três – Pedro, Jesus e Paulo.

Isso também nos mostra como as realidades invisíveis do Reino podem ser acessadas através da fé e da obediência simples. A fé não vem da mente; vem do coração. Porém, uma mente renovada aumenta nossa fé através de um entendimento sobre o invisível. Ela encontra seu combustível em conhecer as maneiras de agir do Espírito Santo – como Ele move. As perspectivas singulares que o povo tinha sobre a realidade, da qual obtiveram seus milagres, não foram resultados de anos de estudo e oração (que obviamente têm grande valor em nossas vidas, mas servem a outro propósito). Foram respostas à graça disponível na Presença manifesta de Deus através do Espírito Santo que repousa sobre as pessoas.

Já é tempo de essas histórias excepcionais deixarem de serem exceções. É tempo de elas se tornarem a regra – a nova norma. E esse é o clamor do meu coração. Os apóstolos aprenderam com o exemplo de Jesus que o maior tesouro era a Presença do Espírito Santo repousando sobre Ele. Aprender a hospedar a Presença de Deus é o maior desafio da vida cristã.

O Hóspede Perfeito

Considere o que Maria e José sentiram quando ouviram que Maria daria luz ao Filho de Deus, Jesus "o Cristo". Ele cresceria no lar deles, seria alimentado por eles e criado para um propósito além da compreensão ou do controle deles. Esse Jesus era totalmente Deus, mas totalmente homem.

Se a missão de criar o Ser Perfeito não era assustadora o bastante, como deve ter sido perdê-Lo? Foi o que aconteceu de verdade.

José e Maria tinham o costume de anualmente ir a Jerusalém para a festa da Páscoa. Depois de terminadas as festividades, faziam a jornada de volta para Nazaré. Depois de viajar um dia inteiro, perceberam que Jesus, que na época tinha apenas 12 anos de idade, não estava com eles. José e Maria nem mesmo haviam completado sua tarefa de criá-Lo quando ele foi perdido. Jesus havia decidido ficar em Jerusalém e fazer algumas perguntas aos líderes religiosos. Ele fez isso sem pedir permissão. Quando conversavam, perceberam que nenhum dos dois haviam visto Jesus o dia todo. Haviam presumido que ele estava com os outros familiares ou companheiros de viagem que estavam na caravana. Aquele foi um momento de grande preocupação. Haviam perdido Deus.

Passaram-se três dias antes que O achassem. Imagino que eles não eram tão diferentes de nós. Eu primeiramente ficaria chateado comigo mesmo por não ter sido mais responsável. Ao encontrá-Lo, eu sentiria alívio, mas também acharia outra pessoa na qual colocar a culpa – o próprio Jesus. Parece que foi exatamente isso que José e Maria fizeram. Maria perguntou a Jesus: *"Filho, por que Você nos fez isto? Seu pai e eu estávamos aflitos, à Sua procura"* (Lc 2:48). Jesus causou a aflição deles. E eles puseram a culpa diretamente sobre Seus ombros. Agora que estavam aliviados de encontrar o Filho de Deus, também ficaram perplexos pela Sua falta de preocupação quanto à aflição deles. "Por que você nos fez isto?" Estranhamente, em meio aos milagres e ao estilo de vida extraordinário que Ele exibiria em Sua fase adulta, Jesus continuaria causando-lhes aflição.

A resposta Dele não ajudou. Na verdade, pela nossa perspectiva, Sua resposta não fez nenhum sentido. Jesus respondeu: *"Por que é que Me procuráveis? Não sabeis que Me convém tratar dos negócios de Meu Pai?"* (Lc 2:49, ACF). Não é responsabilidade dos pais procurar por seus filhos perdidos? Como saberiam onde Ele estaria? Por dedução, eles deveriam saber que Sua prioridade suprema na vida era tratar das coisas do Pai. Jesus estava dizendo que eles não precisavam procurá-Lo. Ele nunca estaria perdido enquanto estivesse tratando das coisas do Pai. Apesar de ter sido uma grande resposta, José e Maria não a compreenderam.

É trabalho dos pais ensinar seus filhos. Até hoje, a responsabilidade primária de ensinar as crianças não cai sobre os ombros da igreja ou do governo. É a missão dada por Deus aos pais. Todas as outras instituições auxiliam. Porém, nessa situação inusitada, era vez de os pais aprenderem. Jesus revelou as prioridades da Terra sob a perspectiva do Pai. Sua *vontade* tem a ver com a interação de dois mundos – Céu e Terra.

Despertando para o Propósito

Não existe privilégio maior do que hospedar o próprio Deus. Não existe tampouco maior responsabilidade. Tudo sobre Ele é extremo. Ele é indescritivelmente bom, impressionante ao máximo e formidavelmente maravilhoso em todas as formas possíveis. Ele é poderoso, mas gentil; agressivo, mas sutil; e perfeito enquanto nos abraça com todas as nossas imperfeições. Porém, poucos têm consciência da missão de *hospedá-Lo*. Menos ainda têm dito sim.

A ideia de hospedar Deus pode soar estranha. Ele é o dono de todas as coisas, inclusive do nosso corpo. E Ele certamente não precisa de nossa permissão para ir a algum lugar ou para fazer algo. Ele é Deus. Mas Ele fez a Terra para humanidade e a colocou sob nosso domínio.

Se você estivesse alugando uma casa minha, eu não entraria nela sem ser convidado, ou pelo menos sem sua permissão. Você nunca me veria na sua cozinha, pegando comida da sua geladeira e preparando uma refeição para mim. Por quê? Apesar de a casa ser minha, ela está sob sua responsabilidade ou administração. Apesar de talvez haver muitos proprietários que violariam esse protocolo, Deus não é um deles. Ele nos plantou aqui com um propósito. Porém, é um propósito que não podemos cumprir sem Ele. Nossa verdadeira natureza e personalidade nunca atingirão a plenitude longe de Sua Presença manifesta. O cerne da nossa missão é aprender a hospedá-Lo, e isso deve se tornar nosso foco para que possamos ter o sucesso que Ele deseja antes que Jesus volte.

Num momento, nos alegramos no louvor, de braços abertos e cabeças levantadas para o alto. No outro, estamos de cabeça abaixada, não porque alguém disse que seria a reação correta, mas porque o temor do Senhor encheu o lugar. Num momento, nossa boca está cheia de riso – verdadeiramente descobrimos *"a alegria plena da* [Sua] *presença"* (Sl 16:11). No outro, nos encontramos chorando sem nenhuma razão aparente. Assim é a caminhada com Deus. Assim é a vida daquele que se entrega para hospedá-Lo.

O desejo Dele por parceria está no centro desta questão. É o Seu coração. Ele é uma pessoa, não uma máquina. Ele anseia comunhão. Ele ama amar.

Meu interesse na crescente história de um povo destinado a carregar Sua presença está nas seguintes áreas:

- O que acontece com uma pessoa quando Deus repousa sobre ela?
- Qual é a responsabilidade dela em proteger essa Presença?
- Qual é o impacto disso no mundo em volta dela?
- Como as formas e a natureza de Deus são reveladas nesse encontro?
- O que é possível para nós através do exemplo dela?

A Maior Honra

Hospedar Deus é algo repleto de honra e prazer, custo e mistério. Ele é sutil, e às vezes silencioso. Ele também pode ser extremamente óbvio, agressivo e nitidamente proposital. Ele é um hóspede com um plano – de

Pai para Filho. Do Céu para a Terra. Este ainda é Seu mundo – Seus propósitos serão cumpridos. Isso nos deixa com uma questão que ainda falta ser respondida: Qual geração irá hospedá-Lo até que o reino deste mundo se torne o Reino de nosso Senhor e Cristo? (Ver Apocalipse 11:15).

2

De um Jardim
para Outro

Nossa história começa com duas pessoas num jardim. O Jardim do Éden era tão perfeito como qualquer lugar poderia ser. Assim também eram seus dois únicos habitantes, Adão e Eva. Eles ocupavam uma posição especial dentre toda a criação, pois haviam sido feitos à imagem de Deus. Isso nunca havia acontecido antes. E nada mais tinha aquela posição privilegiada na existência. Por causa dessa similaridade, aqueles feitos à imagem de Deus dominariam a Terra e O representariam em personalidade e função.

Adão e Eva foram criados para dominar como Deus. A maneira de Deus é muito diferente da visão comum de hoje sobre dominar. A Dele é sempre um domínio de proteção e empoderamento. Ainda assim, Adão e Eva e todos os seus descendentes deveriam representar Deus na Terra

29

para o restante da criação. A posição deles na Terra não era ao invés de Deus, mas por causa de Deus. Ele vinha em todas as tardes para caminhar e conversar com eles. A posição de domínio deles era o transbordamento da intimidade que tinham com a face de Deus.

A Terra sempre pertenceu a Deus, mas agora a humanidade se tornou Sua delegada para dominar em Seu lugar. O Evangelho de Mateus registra o comentário de um centurião que nos dá uma ideia sobre ser uma *autoridade delegada*. Quando Jesus mostrou interesse em curar seu servo, o centurião respondeu:

> ...*dize apenas uma palavra, e o meu servo será curado. Pois eu também sou homem sujeito à autoridade, com soldados sob o meu comando. Digo a um: "Vá", e ele vai; e a outro: "Venha", e ele vem. Digo a meu servo: "Faça isto", e ele faz.*
>
> *Mateus 8:8-9*

Aquele líder militar romano percebeu que sua autoridade vinha por também estar sob autoridade. Podemos apenas liberar o benefício do fluir do domínio de Deus através de nossas vidas no nível em que Ele domina sobre nós. Jesus ficou tão tocado com a resposta, que reconheceu que aquele entendimento dava lugar a uma grande fé. Ele também aplaudiu aquele raciocínio porque suas raízes vêm de outro reino além de Roma – o Reino de Deus. Esse entendimento é soberano para a habilidade humana de governar bem.

Deus criou tudo para o Seu prazer. Ele viu tudo o que criou e se alegrou. Mas Sua interação com a humanidade era diferente de todo o resto. Era pessoal e revelava o rico benefício de ser feita a Sua imagem. Um momento especial desse relacionamento aconteceu quando Deus atribuiu a Adão a tarefa de dar nome a todos os animais (ver Gênesis 2:19). Nomes representam muito mais na Bíblia do que em nossa cultura. Um nome representa a natureza, a esfera de autoridade e a glória atribuída à Sua criação. Não sabemos se Adão usou essa medida no nome que deu a cada animal ou se meramente reconhecia o que cada animal recebeu de Deus. A resposta importa pouco, já que das duas formas Adão foi trazido à criação como um cooperador. Ele na verdade recebeu a responsabilidade de ajudar a definir a natureza do mundo em que iria viver. Isso revela o coração de Deus de uma linda maneira. Ele não nos criou para sermos robôs. Fomos feitos à Sua imagem como cooperadores, trabalhando com Ele para demonstrar Sua bondade sobre tudo o que Ele criou.

O Plano Revelado

Tudo o que Deus criou era perfeito em todos os sentidos. Nem mesmo Deus poderia melhorar Seu projeto, função ou propósito. O próprio Jardim demonstrava o Céu na Terra. E a razão para a existência de um lugar extraordinário de paz e ordem divina como aquele era extrema – a rebelião de satanás trouxe uma cicatriz para o que era, fora esse acontecimento, criação perfeita. E agora a paz, a substância da atmosfera celestial, assumiu uma função militar. Desordens haviam manchado a criação de Deus. Agora era luz contra trevas, ordem versus caos, e glória em oposição ao que é inferior, incompleto e superficial.

A primeira comissão nas Escrituras é dada a Adão no Jardim.

Sejam férteis e multipliquem-se! Encham e subjuguem a Terra! Dominem sobre os peixes do mar, sobre as aves do céu e sobre todos os animais que se movem pela terra.

Gênesis 1:28

Sua responsabilidade imediata era cuidar do Jardim. Sua responsabilidade suprema era trazer a mesma ordem ao resto do planeta. Isso deixa implícito que fora do Jardim não existia a mesma ordem que havia dentro dele. Isso faz muito sentido quando nos lembramos de que a serpente veio ao Jardim para tentar Adão e Eva. Ela já estava no planeta.

Apocalipse 12:4 fala do dragão que veio à Terra arrastando consigo um terço das estrelas do céu. É bem possível que essa declaração descreva a queda de satanás e sua expulsão do Céu. Sua arrogância lhe custou sua posição como um dos três arcanjos que serviam a Deus diretamente, sendo os outros dois Miguel e Gabriel. Também sabemos que um terço dos anjos caiu com ele, o que essa passagem também parece descrever. O termo "estrelas" poderia representar os próprios anjos, ou poderia representar a parte da criação sobre a qual eles tinham domínio e que passou a estar sob a influência do reino decaído. A questão é que o reino das trevas já existia na Terra antes de Deus criar Adão, Eva e o Jardim do Éden. Ele criou ordem no meio da desordem para que aqueles feitos à Sua imagem pudessem representá-Lo bem ao estender as fronteiras do Jardim até que todo o planeta fosse coberto pelo domínio de Deus através de Seus representantes.

Nunca, em nenhuma ocasião, satanás tem sido uma ameaça para Deus. Deus é supremo em poder e força, beleza e glória. Ele é eterno com medidas ilimitadas de tudo o que é bom. Ele não foi criado – sempre existiu. Satanás é limitado em todos os sentidos. Deus deu a ele dons e habilidades quando o criou. Nunca houve uma batalha entre Deus e satanás. Todo o reino das trevas poderia ser extinto para sempre com uma palavra. Porém, Deus escolheu derrotá-lo através daqueles que foram feitos à Sua semelhança – aqueles que O adorariam por escolha. Brilhante! Foi exatamente essa questão da adoração que havia causado a rebelião de satanás no início.

Satanás queria ser adorado como Deus. Aquela rebelião foi possível porque Deus lhe deu o poder de escolha. A decisão tola e egoísta de satanás lhe custou sua posição de domínio e, mais importante, sua posição diante de Deus no Céu. Sua revolta agitou o reino angelical e acabou levando um terço dos anjos com ele em sua derrota.

Guerra Espiritual

Acho fascinante que Deus não tenha dado a Adão e Eva nenhuma instrução sobre guerra espiritual. Não há registro de qualquer ensino sobre o poder do nome de Jesus, nenhuma instrução sobre o poder do seu louvor a Deus, nem nenhuma ênfase no poder da Palavra Dele. Essas ferramentas seriam de grande benefício mais tarde na história, mas naquele momento, suas vidas estavam focadas em manter a ordem divina através de relacionamento com Deus e em propagá-la ao representá-Lo corretamente. Eles deveriam viver de maneira responsável e ser produtivos, ter filhos que teriam filhos que teriam filhos, etc., e expandir as fronteiras do Jardim até que o planeta fosse coberto pelo domínio deles. Tudo isso seria resultado da comunhão que tinham com Deus, *caminhando com Ele quando soprava a brisa do dia*. Tudo isso vinha de relacionamento. Satanás nunca foi o foco. Não precisava ser, pois não tinha nenhuma autoridade. Ainda não havia nenhum acordo com o diabo.

Fico preocupado com a ênfase exagerada de alguns na questão de guerra espiritual. Conflito espiritual é uma realidade que não deve ser ignorada. Paulo nos adverte a termos consciência das estratégias do inimigo (ver 2 Coríntios 2:11). Devemos estar atentos às suas artimanhas. Mas, ainda assim, minha força está em vestir a armadura de Cristo. *Cristo é minha armadura!*

Adão e Eva, aqueles que viram Deus claramente, não tinham instruções sobre guerra espiritual, já que seu domínio repelia o inimigo da mesma forma que a luz afasta a escuridão sem esforço. Não posso me permitir viver em reação à escuridão. Se eu fizer isso, a escuridão terá um papel em estabelecer o plano para a minha vida. O diabo não é digno de tanta influência, mesmo a negativa. Jesus vivia de acordo com o Pai. Eu devo aprender a fazer o mesmo. Esse é o único exemplo digno de ser seguido.

Todas as nossas ações vêm de uma das duas emoções básicas – medo ou amor. Jesus fazia tudo a partir do amor. Muito do que é chamado de guerra vem a partir do medo. Já fiz isso mais do que eu gostaria de admitir. Nunca adoraríamos ou daríamos honra ao diabo. Mas, lembre-se, como uma criança que quer atenção na sala de aula, se não consegui-la ao fazer algo bom, pelo menos conseguirá ao fazer algo mau.

O diabo não se importa em ter atenção negativa. Ele nos deixará segui-lo o dia inteiro em nome de "guerra". Mas essa é uma posição de fraqueza.

Deus nos chama para uma posição de força – redescobrir nossa posição no Jardim, caminhando com Ele *quando soprava a brisa do dia*. É a partir desse lugar de intimidade que a verdadeira guerra é experimentada. Talvez seja por essa razão que Davi, o grande rei e guerreiro de Israel, escreveu: *"Preparas uma mesa perante mim na presença dos meus inimigos"* (Sl 23:5, ACF). O lugar de comunhão e intimidade com Deus é visto como a mesa do Senhor – e ainda assim é colocado em frente aos inimigos.

De fato, essa ilustração é realmente estranha. Mas até que entendamos esse conceito, sem intenção elevaremos a posição do diabo para muito mais alto do que deveria ser. Esse tipo de romance coloca terror no coração do diabo e de sua hóstia. Nessa mesa de comunhão, nosso relacionamento com Deus é aprofundado e transborda numa vida de vitória em conflito com os poderes da escuridão.

A criação da humanidade pode ser vista como o começo desse romance. Fomos criados à Sua imagem, *para intimidade*, a fim de que nosso domínio sobre a Terra possa ser expresso através de um relacionamento de amor com Deus. É a partir desta revelação de domínio através do amor que devemos aprender a caminhar como Seus embaixadores, derrotando o "príncipe deste mundo". O cenário foi preparado para que todos os poderes das trevas caíssem enquanto Adão e Eva exercitavam sua influência divina sobre a criação. Mas, ao invés disso, *eles* caíram.

O Locador Perfeito

Satanás não podia entrar no Jardim do Éden e tomar posse de Adão e Eva violentamente. Isso teria sido uma impossibilidade absurda. Ele não tinha autoridade nem domínio onde não houvesse consentimento, nem no Jardim, nem em Adão e Eva. Domínio é poder. E já que a humanidade recebeu as chaves do domínio sobre o planeta, o diabo teria que tomar a autoridade dos humanos.

Neste ponto da história, a experiência deles era parecida com o que Israel experimentaria mais tarde no desdobramento da história de sua redenção. Deus havia dado a Terra Prometida aos filhos de Israel. Tudo pertencia a eles de uma só vez e era sua herança por promessa. Porém, eles possuíram apenas o que tinham a capacidade de administrar. A expressão do domínio de Deus fluía através deles de acordo com sua capacidade de governar bem. Deus lhes disse por que não lhes daria tudo de uma vez – os animais selvagens se tornariam muito numerosos para eles (ver Êxodo 23:29; Deuteronômio 7:22). Eles tinham que tomar posse da plenitude de sua herança gradativamente.

O mesmo princípio se aplica para nós hoje. Do Jardim do Éden para Israel, e da Terra Prometida para os crentes de hoje, tudo é nosso. Mas o que possuímos agora está de acordo com nossa capacidade de administrar como Ele faria. Muitos têm concluído que aquilo que nos falta é da vontade de Deus, como se Ele tivesse planejado que o Evangelho fosse vivido de maneira diferente nos tempos bíblicos e nos tempos modernos. Isso não faz sentido. Hoje ainda é a época bíblica.

Da mesma forma, assim como Deus havia dado a Adão e Eva todo o planeta para dominarem, eles somente possuíam o Jardim do Éden. Sempre há uma diferença entre o que está em nossa conta e o que está em nossas mãos. O restante seria trazido para o domínio deles na medida em que se multiplicassem e aumentassem sua habilidade de representar Deus corretamente. Isso seria visto ao manifestarem domínio sobre todo o planeta. Eles, também, deveriam receber sua herança gradativamente. Possuíam apenas o que podiam administrar bem.

Já que o diabo não tinha autoridade sobre Adão e Eva, tudo que podia fazer era falar. Então sugeriu que eles comessem o fruto proibido para se tornarem como Deus. E eles o escutaram. Adão e Eva tentaram ser como Deus, mas fizeram isso através da desobediência. E aquela desobediência lhes custou o que eles já possuíam por sua criação – a divindade. Quando tentamos conseguir através de nossos esforços o que já possuímos pela graça, nós nos colocamos voluntariamente sob o poder da lei. Essa foi a tentativa do diabo para fazer com que Adão e Eva se juntassem a ele em oposição a Deus, dando, assim, poder ao próprio diabo. Pelo consentimento, ele é habilitado a *matar, roubar e destruir* (ver João 10:10). É importante perceber que é através do nosso consentimento que poder é dado a satanás.

A missão de Adão e Eva de dominar foi interrompida quando comeram o fruto proibido. Paulo mais tarde disse: *"vocês [...] tornam-se escravos daquele a quem obedecem"* (Rm 6:16). Através de seu ato de rebelião, eles se tornaram posse do pai da rebelião. O dono do escravo então se tornou possuidor de tudo o que Adão possuía. Isto inclui o domínio sobre o planeta. A posição de domínio de Adão se tornou parte do despojo do diabo. O plano de Deus da redenção seria necessário: *"E porei inimizade entre ti e a mulher, e entre a tua semente e a sua Semente; Este te ferirá a cabeça, e tu Lhe ferirás o calcanhar"* (Gn 3:15, ACF). Mas Jesus veio para recuperar tudo o que foi perdido.

A Tentativa de Roubo de Satanás

Jesus veio à Terra por várias razões, mas no topo da lista está levar sobre Si o castigo da humanidade pelo pecado e tomar de volta o que Adão havia dado tão descuidadamente. Lucas 19:10 diz que Jesus veio *"buscar e salvar o que estava perdido"*. As pessoas estavam perdidas por causa do pecado, assim como sua posição de domínio sobre a criação de Deus. Jesus veio para recapturar ambos.

Satanás tem sempre tentado destruir um libertador após seu nascimento. Ele certamente consulta os decretos proféticos e planeja destruir a intenção de Deus de libertar Seu povo. Foi o diabo que inspirou a matança dos bebês no Egito quando Moisés nasceu. Ele foi derrotado, e Moisés foi levantado para ser o grande libertador. Ele inspirou Herodes a matar os bebês em Belém na tentativa de matar Jesus, o libertador supremo. Foi mais uma vez derrotado (ver Mateus 2:16-18). E depois o diabo tentou sabotar o plano da redenção ao tentar fazer com que o Filho de Deus usasse Sua autoridade para sua própria preservação. Isso aconteceu no fim do jejum de quarenta dias de Jesus. O diabo apareceu e tentou Jesus a se comprometer ao transformar pedra em pão para satisfazer Sua fome.

É interessante que satanás sabia que Jesus tinha a habilidade de fazer aquele milagre. Quando Jesus rejeitou aquela ideia, o diabo tentou fazer com que Jesus falhasse de vez e o adorasse. Ele sabia que não era digno de Sua adoração e que esse ato não seria tentador para Jesus, mas também sabia que Jesus havia vindo para recuperar a autoridade que a humanidade havia entregado. Satanás a ofereceu de volta a Ele dizendo:

> *Eu Lhe darei toda a autoridade sobre eles e todo o Seu esplendor, porque me foram dados e posso dá-los a quem eu quiser. Então, se Você me adorar, tudo será Seu.*
>
> *Lucas 4:6-7*

Note a frase *"porque me foram dados"*. Satanás não poderia roubá-los. Foram entregues a ele quando Adão deixou o domínio de Deus pela sentença de morte. Isso aconteceu mais ou menos da mesma forma como quando Esaú entregou sua herança (longo prazo) pela gratificação de uma refeição (imediato) (ver Gênesis 25:29-34). Foi o abandono de um chamado, um propósito e uma herança.

O diálogo entre Jesus e satanás foi fascinante. Era como se o diabo estivesse dizendo a Jesus: "Eu sei para o que Você veio. Você sabe o que eu quero. Adore-me, e Eu lhe devolverei as chaves da autoridade que Você veio resgatar". O diabo piscou, por assim dizer. Naquele momento, o diabo reconheceu que sabia para o que Jesus havia vindo. Chaves! Jesus se manteve no Seu caminho, rejeitando a oportunidade de pegar qualquer atalho para a vitória. Ele havia vindo para morrer e, ao fazer isso, tomaria de volta as chaves da autoridade que Deus havia dado a Adão no Jardim.

Toda a questão de colocar o homem no Jardim era para criar o contexto em que satanás seria derrotado pelo homem. Deus em Sua soberania permitiu que o diabo estabelecesse seu domínio sobre o planeta Terra, porque Sua intenção era trazer julgamento eterno para o diabo através da humanidade. Isso aconteceria através dos frutos que vêm da cooperação íntima entre Deus e o homem.

Depois que Adão e Eva pecaram, derrotar o diabo se tornou impossível, humanamente falando. Por esta razão, foi necessário que Jesus não só morresse em nosso lugar, mas também que vivesse como um homem, com nossas mesmas restrições, limitações, tentações, sentimentos, etc., para que Sua vida vitoriosa também fosse como um humano. Não há competição num conflito entre Deus e satanás. Sempre teve a ver com o diabo e o homem – aquele feito à imagem de Deus. Jesus teve de viver como homem, mas sem se render ao pecado. Sua morte só seria valiosa se Ele não tivesse pecado, pois o pecador merece morrer. Ele tinha que ser o Cordeiro sem mancha.

O Conflito Supremo

Jesus é o eterno Filho de Deus. Ele não é um ser criado que de alguma maneira ascendeu à divindade, como alegam alguns cultos. Ele é inteiramente Deus e completamente homem, mas Sua vida e Sua morte foram vividas como homem. Isso significa que Ele deixou de lado Sua divindade para viver como um homem. Ele não tinha pecado e era totalmente dependente do Espírito Santo. Ao fazer isso, Ele se tornou um modelo que podemos seguir. Se Ele tivesse feito todos aqueles milagres como Deus, eu ainda ficaria impressionado, mas ficaria impressionado como um observador. Quando descubro que Ele os fez como homem, então de repente eu fico completamente insatisfeito com a vida como eu a conheço. Agora sou compelido a seguir esse Jesus até que as mesmas coisas comecem a acontecer na minha vida.

Lembre-se, não há competição numa batalha entre Deus e satanás. O diabo é nada comparado ao Todo Poderoso. A batalha deveria ser entre o diabo e o homem, aqueles feitos à imagem de Deus. Quando o pecado entrou na condição humana, foi necessário que o Filho de Deus se tornasse homem para lutar em nosso lugar. Foi uma batalha fora do comum. Primeiro, Ele mostrou autoridade absoluta sobre os poderes das trevas ao curar e libertar cada pessoa que ia até Ele. Segundo, Ele viveu pura e vitoriosamente. Não havia nada do pecado que era atraente para Jesus, pois não havia nada Nele que desse valor ao pecado. Terceiro, Ele usou Sua autoridade apenas para servir aos outros. Ele não usou Seu poder para

Si mesmo. E, finalmente, Ele fez o impensável: entregou-se para morrer em nosso lugar. Isso parece uma forma estranha de vencer uma guerra, mas era a chave. Ao fazer isso, Ele se entregou inteiramente para trazer salvação para toda a humanidade. Pois nem Ele mesmo podia levantar a Si mesmo dos mortos – Ele havia se tornado pecado! (Ver 2 Coríntios 5:21). Ele era dependente de Deus para que nos salvasse quando crêssemos. Não podemos salvar a nós mesmos. Até mesmo a fé que traz salvação é um dom de Deus.

O conflito supremo foi entre satanás e Jesus homem. Ao se entregar para morrer em nosso lugar, Ele satisfez todos os requisitos da Lei para a morte do pecador – *"aquele que pecar é que morrerá"* (Ez 18:20). Ele não só morreu por nós, Ele morreu *como* nós.

A Ignorância de Satanás

Uma das verdades mais lindas, tantas vezes desconsiderada, é que em seu dia de sorte, o diabo pode apenas fazer o jogo de Deus. Sabendo do ódio do diabo pela humanidade e sabendo do seu ódio pelo Filho de Deus, foi fácil enganá-lo para crucificar Jesus. É importante observar que o diabo não tirou a vida de Jesus. Jesus deu a sua vida (1 Jo 3:16). Em várias ocasiões, os líderes religiosos planejaram matar Jesus, mas Ele tinha o hábito de desaparecer quando O perseguiam. Ainda não era o momento certo de Ele morrer. Quando a hora certa chegou, Ele entregou a Si mesmo como uma ovelha ao matadouro. Se o diabo soubesse que matar Jesus Cristo tornaria possível que milhões de pessoas enchessem a Terra como o fruto da morte de Jesus, ele nunca O teria crucificado.

*Entretanto, falamos de sabedoria entre os maduros, mas não da sabedoria desta era ou dos **poderosos desta era**, que **estão sendo reduzidos** a nada. Pelo contrário, falamos da **sabedoria de Deus**, do **mistério** que estava oculto, o qual Deus **preordenou, antes do princípio das eras, para a nossa glória**. Nenhum dos poderosos* *desta era o entendeu, pois, **se o tivessem entendido, não teriam crucificado o Senhor da glória.***

1 Coríntios 2:6-8

Existem quatro coisas que devemos observar a partir desses versículos. Eu as destaquei em negrito. Primeiro, veja o fato que os poderosos desta era estão sendo reduzidos, o que significa que estão sendo "abolidos". Segundo, a sabedoria de Deus é um mistério escondido até que Ele escolha revelar. Terceiro, o propósito de o mistério ser revelado é para a glória da humanidade! E, finalmente, a chave para perceber o potencial desse mistério é a crucificação de Cristo! A morte na Cruz tornou possível que a humanidade chegasse a uma posição com Deus que havia sido escondida por séculos, um lugar em que a humanidade, que não é independente de Deus, mas completamente dependente Dele, entra na glória. Essa conquista maravilhosa é consequência da Cruz. A morte de Cristo é algo que satanás nunca teria buscado se soubesse de seu resultado.

A Vitória Suprema

Pense nisto: Jesus não só morreu *por* nós, mas morreu *como* nós. Ele se tornou pecado, o nosso pecado, para que pudéssemos nos tornar justiça de Cristo (ver 2 Coríntios 5:21). Sendo este o caso, Sua vitória é nossa vitória. Quando recebemos a obra de Jesus na Cruz através da salvação pela fé, nos tornamos enxertados na vitória pessoal de Jesus sobre o pecado, o diabo, a morte e o inferno. Jesus derrotou o diabo com Sua vida sem pecado, derrotou-o em Sua morte ao pagar pelos nossos pecados com Seu sangue e, outra vez, na ressurreição ao levantar triunfantemente com as chaves da autoridade sobre a morte e o inferno, e também com tudo o que Deus havia originalmente planejado para o homem, que será revelado nas eras que hão de vir. Jesus, o Vitorioso, declarou: *"Foi-Me dada toda a autoridade no Céu e na Terra. Portanto, vão"* (Mt 28:18-19). Em outras palavras: *Eu tomei as chaves de volta! Agora vão usá-las para recuperar a humanidade.*

É nesse momento que Jesus cumpre a promessa que deu aos Seus discípulos quando disse: *"Eu lhes darei as chaves do Reino dos céus"* (Mt 16:19). Deus nunca cancelou o plano original. Ele poderia apenas ser completamente realizado de uma vez por todas depois da ressurreição e da ascensão de Jesus. Outra coisa a ser observada: Se Jesus tem toda a autoridade, então o diabo não tem nenhuma! Fomos, portanto, completamente restaurados à missão original de dominar como um povo feito à Sua imagem, pessoas que aprenderiam como aplicar a vitória obtida no Calvário: *"Em breve o Deus da paz esmagará satanás debaixo dos pés de vocês"* (Rm 16:20).

O povo de Deus deve manifestar a beleza de Seu domínio para um mundo em descrença. Fomos escolhidos para esse propósito. Não porque somos melhores, mas porque somos aqueles que se alistaram para a busca suprema. Ele recruta todos que estão *disponíveis* para aprender a carregar Sua presença até que tudo seja mudado.

O Criador Tem Um Coração

Tudo que Deus criou foi feito para o Seu prazer. Ele é um Deus de alegria extravagante. Ele aprecia tudo que criou. Porém, a humanidade ocupa um lugar único em Sua criação, pois somos a única parte da Sua criação realmente feita à Sua imagem. Essa semelhança foi planejada com o propósito de comunhão – comunhão íntima. Através de um relacionamento com Deus, os seres mortais seriam enxertados em Seu eterno passado perfeito e obteriam pela promessa um futuro eterno perfeito. Até mesmo a esfera de impossibilidades poderia ser quebrada por aqueles criados para serem como Ele. *"Tudo é possível àquele que crê"* (Mc 9:23). Nenhuma outra parte da criação recebeu acesso a essa esfera. Fomos convidados a um "lugar" conhecido apenas por Deus.

O coração de Deus deve ser celebrado neste sentido: Ele anseia por relacionamento. Ele arriscou todas as coisas para ter aquele único tesouro – aqueles que O adorariam, não como robôs, não meramente por obediência, mas por relacionamento.

O Plano Supremo

Fomos criados para dominar como Deus domina – em generosidade e em bondade, sem servir a si mesmo, mas sempre pelo bem maior dos outros. Devemos dominar sobre a criação, sobre as trevas – para que possamos minar os poderes das trevas e estabelecer o domínio de Jesus aonde formos, pregando o Evangelho do Reino. *Reino* significa "domínio do Rei". No propósito original de Deus, a humanidade deveria dominar sobre a criação, mas daí o pecado entrou em nosso domínio, refinando nossa tarefa de fazer isso e afetando a eternidade. Por causa do pecado, a criação tem sido infectada pelas trevas – doença, enfermidade espíritos aflitos, pobreza, desastres naturais, influência demoníaca, etc. Enquanto nosso domínio ainda está sobre a criação, temos focado em expor e em desfazer as obras do diabo. Esse é o ministério de Jesus que herdamos em Sua comissão. Esse é o fruto almejado da vida Cristã. Se eu tenho um encontro poderoso com Deus, o que devemos buscar, então sou equipado para compartilhar isso com outros. Esse é o ministério de Jesus – usar o poder e a autoridade de Deus para continuar o ministério de Jesus, da forma como Ele o fez. A invasão de Deus nas situações impossíveis vem através de um povo que tem recebido poder do alto e tem aprendido a liberá-lo nas circunstâncias da vida.

O coração de Deus é voltado para ter relacionamento com os criados à Sua imagem. Ele é o Rei supremo que ama nos capacitar. Seu coração, desde o primeiro dia, desejava ter um povo que vivesse como Ele, amasse como Ele e dominasse como Ele. Desde o primeiro dia, o desejo de Deus tem sido estar com Sua criação como o locador convidado para observar sua crescente capacidade de dominar, tornando este mundo como o Dele. No mundo Dele, Sua glória é o centro. Quanto mais pessoas carregam Sua Presença para todos os lugares como servos alegres do Altíssimo, mais seremos posicionados para ver um dos maiores acontecimentos do Céu – a Terra coberta com a glória do Senhor.

O Desafio Supremo

Nossa história começou num jardim. Deus caminhava com Adão no fim da tarde. Amizade. Comunhão. Companheirismo. Parceria. Porém, isso acabou por causa do pecado. Mas depois começou novamente. Desta vez também num jardim.

> No **lugar onde Jesus foi crucificado havia um jardim**; e no jardim, um sepulcro novo, onde ninguém jamais fora colocado... No primeiro dia da semana, bem cedo, estando ainda escuro, Maria Madalena chegou ao sepulcro e viu que a pedra da entrada tinha sido removida... Maria, porém, ficou à entrada do sepulcro, chorando. Enquanto chorava, curvou-se para olhar dentro do sepulcro e viu dois anjos vestidos de branco, sentados onde estivera o corpo de Jesus, um à cabeceira e o outro aos pés. Eles lhe perguntaram: 'Mulher, por que você está chorando?' 'Levaram embora o meu Senhor', respondeu ela, 'e não sei onde O puseram'. Nisso ela se voltou e viu Jesus ali, em pé, mas não O reconheceu. Disse Ele: 'Mulher, por que está chorando? Quem você está procurando?' Pensando que fosse o jardineiro, ela disse: 'Se o senhor O levou embora, diga-me onde O colocou, e eu O levarei'. Jesus lhe disse: 'Maria!' Então, voltando-se para Ele, Maria exclamou em aramaico: 'Rabôni!' (que significa Mestre). Jesus disse: '**Não Me segure**, pois ainda não voltei para o Pai. Vá, porém, a Meus irmãos e diga-lhes: Estou voltando para Meu Pai e Pai de vocês, para Meu Deus e Deus de vocês'.
>
> *João 19:41; 20:1,11-17*

Num sentido muito real, Jesus de fato nasceu duas vezes. A primeira vez foi em Seu nascimento natural através da Virgem Maria. A segunda foi Sua ressurreição.

*Mas **Deus O ressuscitou dos mortos**... Nós lhes anunciamos as boas novas: o que Deus prometeu a nossos antepassados Ele cumpriu para nós, seus filhos, ressuscitando Jesus, como está escrito no Salmo segundo: "Tu és Meu filho; **Eu hoje te gerei"***

Atos 13:30,32-33

Nesta passagem, vemos que Sua ressurreição foi considerada um nascimento – o primogênito dentre os mortos (ver Colossenses 1:18; Apocalipse 1:5). Ele não foi o primeiro a ser levantado dos mortos. Ele mesmo ressuscitou a muitos. Ele foi o primeiro a ser levantado dos mortos para *nunca mais morrer*. Nossa conversão segue a mesma linha: O DNA de Sua ressurreição é nosso DNA. Ele é as *primícias* daqueles que dormem (ver 1 Coríntios 15:20). As primícias vêm no início da colheita. Este termo indica que Sua ressurreição dos mortos foi uma profecia de que uma grande colheita está por vir, semelhante à Sua ressurreição! Nós somos essa colheita. E a colheita continua e aumenta até que Ele volte.

Uma das partes fascinantes dessa história ilustra o que eu creio que seja o tema central das Escrituras e, portanto, o propósito deste livro. É sobre a Presença.

A primeira pessoa a tocar Jesus em Seu nascimento natural obviamente foi Maria, a virgem. Mas quem foi a primeira a tocá-Lo em Seu segundo nascimento – Sua ressurreição dos mortos? Maria Madalena! Aquela que havia sido liberta de sete demônios e curada de enfermidades! (ver Marcos 16:9) A Virgem Maria, representando pureza e tudo que é certo, recebeu Jesus no mundo para Seu papel de cumprir a Lei e se tornar o perfeito sacrifício. Maria Madalena, aquela que havia sido doente e atormentada por demônios, representa as necessidades incontestáveis do espírito, da alma e do corpo. Ela O recebeu no mundo para Seu papel de construir uma família a partir dos mais impuros e menos qualificados. A Virgem apresentou Aquele que acabaria com a dispensação da Lei. A atormentada apresentou Jesus à temporada da graça em que todos seriam bem-vindos.

No primeiro Jardim, a presença foi negligenciada. Deus caminhou no Jardim apenas uma vez mais após Adão e Eva terem comido o fruto proibido. Seus olhos foram abertos à sua condição e cobriram-se com folhas de figueira para esconder sua nudez. Então se esconderam do Próprio Deus (ver Genesis 3:8). Foi a última vez em que vemos Deus andar no Jardim para estar com o homem.

No segundo jardim, Maria se certificaria de que o erro não seria repetido. Ela agarrou o Cristo ressurreto e não O deixaria ir, até que Jesus informou a ela que Ele ainda não havia subido ao Pai (ver João 20:17). A promessa de Jesus de enviar o Espírito Santo agora teria de assumir uma expressão muito prática para aqueles que teriam de ter mais de Deus. Ela havia encontrado a coisa única – a Presença de Deus.

3

A Mentira da Insignificância

Após Deus ter dado a Moisés uma tarefa que parecia impossível, Moisés fez a seguinte pergunta a Ele: *"Quem sou eu?"* (Êx 3:11). A mesma pergunta tem sido feita inúmeras vezes desde então. Todas as vezes que olhamos para nós mesmos, acreditamos na mentira da insignificância. Moisés sabia que não possuía nenhuma das qualificações necessárias que alguém deveria ter para ser usado por Deus para algo tão significativo como guiar o próprio povo de Deus da escravidão para a liberdade. Quando Deus escolhe qualquer um de nós para algo desse tipo, a mesma pergunta deve vir à mente. Certamente virá se olharmos o chamado de Deus da maneira correta. Mas o Senhor, conhecendo Moisés intimamente, não estava preocupado nem impressionado com quem Moisés era ou deixava de ser. Não era algo essencial. *"Eu estarei com você"* foi a resposta de Deus (Êx 3:12).

Inicialmente, parece que Deus ignorou o "Quem sou eu?" de Moisés, mas talvez não. Parece que Ele estava fazendo com que Moisés soubesse que sua identidade não estava em suas habilidades, treinamento ou popularidade; não estava nem mesmo em seus dons ou em sua unção. Ela estava centrada em uma só coisa: "Você é com quem Eu quero estar". Quem era Moisés? O cara com quem Deus gostava de passar tempo junto. Moisés poderia não saber quem ele era, mas Deus sabia *de quem ele era.*

Qualificações e importância parecem diferentes aqui na Terra do que são na perspectiva do Céu. Assim como a humildade recepciona a exaltação, a fraqueza nos qualifica para a força. E lutar para conquistar significância na verdade prejudicará nossa importância. Quando Jesus queria ser batizado nas águas por João, João sabia que não era qualificado (ver Mateus 3:14). Mas quando estamos dispostos a fazer o que não somos qualificados para fazer, é isso que nos qualifica. E o mesmo aconteceu com Moisés, mas o fato decisivo para as qualificações de Moisés foi além até mesmo de sua disposição para obedecer. Resumiu-se numa única coisa – quem iria com Ele.

Uma Jornada Além da Razão

Muitos, senão a maioria dos Judeus, colocam Moisés no lugar mais alto de respeito comparado a qualquer indivíduo em sua história. E por uma boa razão. Ele lhes trouxe a Lei (A Palavra de Deus), guiou-os pelo deserto rumo à sua herança e, igual em importância sob a minha perspectiva, exemplificou uma vida de entrega. Seus encontros com Deus permanecem como a marca mais alta.

Moisés era a resposta de Deus para o clamor de Israel por libertação. Deus frequentemente responde às orações de Seu povo levantando uma pessoa por quem Ele tem favor.

> *Ouviu Deus o lamento deles e lembrou-se da aliança que fizera com Abraão, Isaque e Jacó. Deus olhou para os israelitas e viu qual era a situação deles.*
>
> *Êxodo 2:24-25*

O versículo seguinte diz: *"Ora, Moisés..."* (AA). Deus fez a mesma coisa muitos anos depois ao tornar Davi o rei de Israel.

> *Então Davi teve certeza de que o Senhor o **confirmara como rei** de Israel e que seu reino estava prosperando **por amor de Seu povo Israel**.*
>
> *2 Samuel 5:12*

Davi experimentou o favor de Deus de formas extraordinárias, tudo devido ao agir de Deus em intencionalmente exaltar pessoas "pequenas" para terem um impacto significativo no Reino. Quando Salomão se tornou rei, ele falou da bênção de Deus sobre Israel, porque eles estavam cheios de alegria e felicidade graças à escolha de Deus em tornar Davi o líder deles.

> *Eles [...] foram embora, **jubilosos e de coração alegre** por todas as **coisas boas** que o Senhor havia feito por Seu **servo Davi e por Seu povo Israel**.*
>
> *1 Reis 8:66*

A questão é: Deus frequentemente escolhe pessoas sabendo que elas são a chave para tocar a vida de outras. Todos os que leem este livro foram escolhidos primeiramente por causa do amor de Deus por eles. Mas não se confunda. Você ocupa uma posição singular neste mundo devido ao clamor de outras pessoas. O favor do Senhor está sobre você para que você possa ser parte de Seu plano de distribuir esse mesmo favor a outros.

Quando o versículo diz que Deus *"viu qual era a situação deles"*, a palavra hebraica *yada* foi usada. Ela às vezes é usada para descrever relacionamentos íntimos. É a palavra que significa *conhecer*. Mas significa mais do que uma compreensão mental de conceitos. Enfatiza a *experiência* como uma parte essencial do *conhecer*. Deus viu a situação de Israel ao prepará-los para ser uma nação conhecida por Ele, que da mesma forma conheceria o seu Deus tendo experiências com Ele. O Senhor os colocou numa posição de extremo favor ao levantar um homem de extremo favor. O que Ele estava prestes a fazer *para* Moisés, Ele estava planejando fazer *através* de Moisés – trazer uma nação para uma posição significante através da adoração verdadeira. Um lugar profundo de intimidade com Deus iria ser aberto de uma forma que nunca havia sido experimentada por um homem, muito menos por uma nação. Dependeria de Israel tirar proveito de um convite como esse.

O Homem Além da Razão

Moisés viveu por 120 anos – 40 anos criado como filho na casa de Faraó, 40 anos no deserto pastoreando ovelhas e 40 anos guiando Israel à Terra Prometida. Se os primeiros 80 anos não foram extremos o bastante, do palácio para o deserto, os últimos 40 foram até mais – sucesso e derrota, visitações e encontros com Deus foram seguidos de confrontos horríveis com o reino demoníaco, a adoração a falsos deuses e às atividades diabólicas correspondentes. Sua conversa com Faraó sozinha é o suficiente para escrever um livro. Deus até disse a Moisés: *"Eis que te tenho posto como Deus a Faraó"* (Êx 7:1, AA). Essa é uma grande declaração dita por Deus a alguém. Sem antecedentes, Deus se colocou a fazer o que Moisés atuasse e/ou declarasse. É algo raro encontrar Deus tão disposto a Se tornar vulnerável a um homem. Mas vem de Seu coração o desejo de ter esse tipo de relacionamento com o homem. Todos os relacionamentos significativos requerem esse tipo de vulnerabilidade.

Moisés estava prestes a se tornar um protótipo. De ninguém mais Deus disse *"Em Israel nunca mais se levantou profeta como Moisés, **a quem o Senhor conheceu face a face**"* (Dt 34:10, ênfase minha). Moisés agora está tomando seu lugar na história ao lado de Abraão, a quem Deus chamou de Seu amigo. Mas a descrição que Ele apresenta de Seu relacionamento com Moisés tem um pouco mais de intimidade implícita – *face a face*.

Deus nos leva a nossos destinos ao revelar-Se a nós. É o Espírito da revelação atuando onde ele mais importa. Essa revelação cria uma sede em nós – sede que só pode ser saciada por Ele. A revelação vem peça por peça, camada sobre camada, geração após geração. Moisés entrou numa dimensão de Deus que era nova para a humanidade.

> *Disse Deus ainda a Moisés: "Eu sou o Senhor. Apareci a Abraão, a Isaque e a Jacó como o Deus Todo-Poderoso, mas **pelo Meu nome, o Senhor, não Me revelei** a eles.*
>
> Êxodo 6:2-3

Deus se revelou a Moisés de uma forma que nem mesmo Abraão, o pai da fé, havia visto. E Ele estava fazendo com que Moisés conhecesse o lugar de favor em que estava entrando. Cada incremento de entendimento é um convite para relacionamento e uma nova marca alta a serem sustentados pela geração seguinte.

> *As coisas encobertas pertencem ao Senhor, ao nosso Deus, mas **as reveladas pertencem a nós e aos nossos filhos para sempre**, para que sigamos todas as palavras desta lei.*
>
> Deuteronômio 29:29

Em outras palavras, Moisés herdou a revelação da natureza de Deus que havia sido dada a Abraão. Ele já sabia que Deus era o Todo-Poderoso, mas agora receberia um discernimento adicional que daria forma a todo o futuro de Israel. Deus revelou a Si mesmo como *Senhor*, que é traduzido *Yhvh*, ou *Jeová*, o nome correto do Deus de Israel. Esse seria o nome pelo qual Deus passaria a ser conhecido dali em diante pelo Seu povo escolhido.

Revelação é inicialmente para relacionamento e no final de tudo para transformação de nossas vidas. Somos transformados por uma mente renovada (ver Romanos 12:2). E pessoas transformadas transformam cidades.

Deus não está tão interessado no aumento de nosso entendimento de conceitos se junto com isto não há aumento de relacionamento. Quando

Deus nos dá uma revelação, Ele nos convida a um novo lugar de experiência – conhecê-Lo. *"Conhecer o amor de Cristo que excede todo conhecimento, para que vocês sejam cheios de toda a plenitude de Deus"* (Ef 3:19). Esse versículo declara que podemos conhecer, por *experiência*, o que ultrapassa o conhecimento ou, mais especificamente, a *compreensão*.

O papel de Moisés certamente era atemorizante, mas ele era único – único no sentido de que respondeu a Deus como poucos fizeram na história. Meu treinador de futebol o descreveria como alguém que deu 110 por cento – mais do que é aparentemente possível. O versículo *"muitos são chamados, mas poucos são escolhidos"* (Mt 22:4) vem à tona neste contexto. A resposta dele a Deus o moveu da posição *do que é possível* para uma posição *de grande favor.* Muito do favor elevado que recebemos de Deus está de acordo com o que fizemos com o favor que já temos. Moisés havia sido chamado, mas agora foi escolhido. Ele foi aquele que pegou o que Deus ofereceu e correu com aquilo sem medir as consequências.

Lembre-se, Moisés era aquele com quem Deus gostava de estar. Que tipo de missão Deus deu a ele? Sabemos que ele deveria tirar Israel do Egito, fora do lugar da escravidão para a liberdade. Mas qual era realmente o coração dessa missão? *"Deixe ir o Meu povo, para que Me sirva".* Este versículo é repetido várias vezes (ver Êxodo 7:16; 8:1,20; 9:1,13; 10:3, AA). A palavra *servir* também é usada no lugar da palavra "adorar". Israel é um exemplo maravilhoso da combinação de trabalho e adoração em sua experiência, que é raro no entendimento da igreja hoje. O foco específico deste chamado era que Moisés levasse Israel da escravidão do Egito para um lugar em que adorassem a Deus com sacrifícios. É apropriado que aquele que um dia se tornaria o homem a quem Deus se revelaria *face a face* fosse o encarregado dessa missão.

Presença e Adoração

O Rei Davi mais tarde descobriria algumas coisas sobre a reação de Deus à adoração que eram desconhecidas na época de Moisés. Cada geração tem acesso a mais do que a anterior teve. É a lei de Deus sobre juros compostos. Especificamente, Davi reconheceu como Deus responde aos louvores de Seu povo. Deus responde com Sua Presença – Ele vem. O chamado de Deus para a nação de Israel era deixar o Egito a fim de adorá-Lo. Eles estavam se tornando um povo que seria conhecido pela Presença de Deus. O Senhor seria o fator diferencial.

O coração de Deus era que todos na Sua nação de Israel se tornassem sacerdotes. Na verdade, Ele ordenou que Moisés dissesse ao povo o Seu desejo: *"Vocês serão para Mim um reino de sacerdotes e uma nação santa"* (Êx 19:6). Sacerdotes ministram a Deus. O plano Dele de ter um povo em Sua Presença estava bem a caminho.

Adoração é algo poderoso por muitas razões. Uma das mais importantes é que sempre nos tornamos parecidos com Aquele que adoramos. Isso por si só levaria Israel a novos níveis. Mas esse chamado de Deus sobre a nação de Deus não passaria despercebido.

O diabo tem muito medo de um povo adorador. Ele na verdade não se importa com a adoração complacente, já que parece funcionar o contrário da que é real – enfraquece nossas sensibilidades ao Espírito Santo de Deus. Funciona totalmente o contrário da adoração apaixonada e totalmente entregue. A adoração complacente é um paradoxo.

A estratégia de satanás contra o povo de Deus e seu chamado de ser íntimo de Deus nunca foi mais clara do que quando ele se revelou através das palavras de Faraó:

Ide, e sacrificai ao vosso Deus nesta terra

Êx 8:25, ACF

Conveniência e sacrifício não podem coexistir. O *ir* é um sacrifício, e povo que não sacrifica não é importante para o diabo. O inimigo sabe que há poder na oferta e fará o que puder para nos impedir de dar. Às vezes, falhamos em alcançar nossos destinos porque insistimos que ele aconteça onde estamos – dentro da razão, com pouco esforço de nossa parte. Frequentemente, não podemos alcançar um novo lugar em adoração até que cheguemos a um novo lugar em Deus. Já ouvi tantas pessoas dizerem ao longo dos anos "Se for da vontade de Deus mover poderosamente na minha vida (ou igreja), Ele sabe que estou sedento e onde estou". Tolice! Ele não é um mensageiro cósmico pulando pelo universo para realizar cada um de nossos desejos. Ele tem um plano. E devemos nos mover para esse Seu plano. Pessoas sábias ainda viajam, literal e figurativamente.

Eu os deixarei ir... mas não se afastem muito.

Êxodo 8:28

O medo do fanatismo tem feito com que muitos crentes não alcancem seus destinos. A única forma de seguir Aquele que morreu na Cruz em nosso lugar é espelhar-se em Sua devoção! Aquele que é extremo está chamando aqueles que são extremos para virem e segui-Lo. É com esse grupo que Ele transformará o mundo. O profundo ainda chama o profundo – o profundo de Deus ainda está à procura de pessoas que têm uma profundidade similar em seus corações para responder igualmente a Ele (ver Salmos 42:7). Não foi aquele sem profundidade em si mesmo sobre o qual Jesus nos advertiu na parábola da semente e do semeador? *"Todavia, visto que não tem **raiz** em si mesmo, permanece por **pouco tempo**. Quando surge alguma tribulação ou perseguição por causa da palavra, logo a abandona"* (Mt 13:21-22).

Agora ide vós, homens, e servi ao Senhor.

Êxodo 10:11, ACF

Nada é um oponente tão forte aos poderes do mal quanto a oferta unificada a Deus de múltiplas gerações. Essa é uma das áreas em que vemos o mistério dos juros compostos tendo efeito nas coisas do Espírito. O fato de que o diabo coloca tanto esforço em dividir a família e em despedaçar as gerações testifica para nós a importância da unidade. Tem se tornado muito comum que um membro da família se destaque como o espiritual, enquanto o restante fica conhecido por ser complacente. Tragicamente, o espiritual frequentemente se exalta com orgulho, o que traz divisão, ou diminui o padrão de sua paixão para se adequar ao menor denominador comum da família. Nenhuma das duas rotas é eficaz.

"Quem Sou Eu?"

Queime de paixão, não importa o que aconteça, mas mantenha a humildade, sendo servo de todos. A dinâmica conquistada através das gerações trabalhando juntas cria uma riqueza espiritual que verdadeiramente torna tudo possível para aqueles que creem.[2] Até mesmo a unidade *fora* de Cristo é poderosa. Considere Babel.

> *Depois disseram: "Vamos construir uma cidade, com uma torre que **alcance** os céus..." E disse o Senhor: "Eles são um só povo e falam uma só língua, e começaram a construir isso. Em breve nada poderá impedir o que planejam fazer".*
>
> Gênesis 11:4,6

Quando adicionamos o poder sobrenatural do Cristo ressurreto a um povo unificado para o Seu propósito e um para o outro, *nada* que se propuserem a fazer será impossível.

> *Vão e prestem culto ao Senhor. Deixem somente as ovelhas e os bois; as mulheres e as crianças podem ir.*
>
> Êxodo 10:24

Esse versículo diz muito. A essa altura o inimigo estava até disposto a desistir de seu plano imediato de influenciar e controlar os filhos do povo de Israel se pudesse ficar com o dinheiro deles. O Novo Testamento revela o poder dessa questão, dizendo que *a ganância é idolatria* (ver Colossenses 3:5). Que tipo de oferta importante pode ser dado a Deus que não inclua meu dinheiro ou minhas posses? Nada impressionante. A oferta vinda da conveniência protege a forma, o ritual e a imagem. Nenhuma dessas coisas ameaça o diabo. Ele inclusive comparecerá às reuniões em que essas prioridades existam. E, estranhamente, ele passará despercebido. A verdadeira adoração envolve todo o meu ser. É física, emocional, espiritual, intelectual e financeira. Ela envolve meus relacionamentos, minha família e tem um impacto grande nas fronteiras que estabeleci sobre como desejo viver. A adoração tem um foco completo – Deus e Seu valor. Tem tudo a ver com Ele. Tem a ver com a Presença. Israel, uma geração de escravos naquele momento, foi chamado para grandeza. E seu primeiro passo para essa grandeza era adorar a Deus de forma extravagante!

> *Ide servir ao Senhor, como tendes dito.*
>
> *Êxodo 12:31-32, ACF*

Toda praga, todo ato de violência e oposição aos inimigos de Deus são simplesmente Seu agir não poupando meios de preservar o que é importante para Ele – um povo íntimo que adora. Mike Bickle diz isso melhor – *todos os juízos de Deus estão apontados para o que interfere com amor.* Mas essa parte da história não termina aqui. Vimos que pessoas são chamadas para entregar tudo ao seguir a Deus como adoradoras. Apenas alguns versículos depois, vemos como Deus os recompensou. *"O Senhor concedeu ao povo uma disposição favorável da parte dos egípcios... assim eles despojaram os egípcios"* (Êx 12:36). Quando pensamos que desistimos de tudo para seguir a Deus, Ele nos dá mais para ofertarmos.

A Água Sobe Mais Alto

A jornada de Israel é difícil e longa. E eles finalmente chegam à Sua terra das promessas. Mas primeiro quero que aprendamos com a vida de Moisés. Ele se tornaria o exemplo de algo em que uma nação poderia entrar. Para enfatizar essa questão ele até descreve sua unção profética como algo que deveria ser para todos. *"Quem dera todo o povo do Senhor fosse profeta e que o Senhor pusesse o seu Espírito sobre eles!"* (Nm 11:29). Moisés era um protótipo, pois modelava um estilo de vida que estava acima da Lei. Não no sentido de que a Lei não se aplicava a ele, mas ele estava acima dela no sentido de que tinha acesso à presença de Deus de uma forma que era proibida pela Lei, mesmo para as tribos de sacerdotes, os levitas. Portanto, uma parte do estilo de vida de Moisés oferece uma imagem profética do que seria possível sob a nova aliança que ainda estava por vir.

Ao olhar para a jornada de Israel e para as experiências com Deus dos muitos líderes do Antigo Testamento, Êxodo 33 é um capítulo que se destaca na minha perspectiva. Moisés teve alguns encontros face a face com Deus, mas apenas uma vez, quando ele desceu de um encontro com o Senhor no monte, sua face brilhava com a Presença de Deus. Ele literalmente irradiava a Presença de Deus (ver Êxodo 34:30). Não veríamos esse fenômeno novamente até Jesus, no Monte da Transfiguração (ver Mateus 17:2). (Mas com Jesus, até Suas roupas brilhavam com a glória de Deus).

Havia uma diferença importante no resultado desse encontro com Deus. Esta foi a vez em que ele pediu para ver a glória de Deus, e Deus deixou toda Sua bondade passar pelos olhos de Moisés (ver Êxodo 33:19). A consequência foi que a face de Moisés brilhou porque havia visto a bondade de Deus. Uma revelação da bondade de Deus mudará nosso semblante. Ele deseja mudar a face de Sua Igreja mais uma vez através de uma revelação de Sua bondade. Ele anseia levantar um povo que não irá apenas levar as boas novas em forma de palavras. Ele deseja levantar um povo que carrega as boas novas em poder, que é uma Pessoa (ver 1 Coríntios 4:20). É Sua Presença.

Devemos esperar coisas superiores de uma aliança superior.

*O ministério que trouxe a morte foi gravado com letras em pedras; mas esse ministério veio com tal glória que os israelitas não podiam fixar os olhos na face de **Moisés** por causa do **resplendor do seu rosto**, ainda que desvanecente. **Não será o ministério do Espírito ainda muito mais glorioso?***

2 Coríntios 3:7-8

Devemos esperar e insistir por mais!

A Reputação Suprema

Como você quer ser lembrado? As pessoas trabalham muito para criar uma imagem e uma reputação para si. Para algumas, é sua beleza ou são suas habilidades. Para outras, é sua importância ou sua posição na sociedade. E, ainda, outras se esforçam para criar uma imagem a partir dos dons espirituais em que operam. A Bíblia inclusive nos ensina o valor de um bom nome (ver Provérbios 22:1). É algo obviamente importante se feito corretamente. Mas se você pudesse escolher uma coisa pela qual ser conhecido, uma coisa que o distinguiria de todos, o que seria?

Deus escolheu a reputação de Israel para eles. Pelo menos escolheu o que Ele desejava que fosse. Eles eram os menores de todos, os menos importantes, a mais fraca das nações. Não havia nada em suas qualidades naturais que os destacava de outro grupo de pessoas. Mas havia essa única coisa que ia separar esse povo dos outros: *"Disse pois: **Irá a Minha presença contigo** para te fazer descansar"* (Êx 33:14, ACF). Na verdade seria a glória de Deus – Sua Presença manifesta – que seria a marca distintiva deles.

> *Como se saberá que eu e o Teu povo podemos contar com o Teu favor, se não **nos acompanhares?** Que mais **poderá distinguir** a mim e a Teu povo **de todos os demais povos** da face da Terra?"*
>
> *Êxodo 33:16*

Eles seriam diferenciados de todos os outros povos por causa da Presença de Deus.

Favoritos Favorecidos

A história da Igreja é repleta de pessoas que obtiveram o favor do Senhor de maneiras excepcionais. A maioria de nós tem favoritos – aqueles a quem admiramos por várias razões, muitas de acordo com nossa própria história ou experiência. Esses heróis da fé alcançaram lugares em Deus pelos quais ansiamos. A posição deles de grande conquista é sempre se tornar a nova norma enquanto seus exemplos nos encorajam a buscar a Deus da mesma maneira. Ele recebe a todos.

À luz do assunto deste capítulo, um desses a quem eu admiro muito é Kathryn Kuhlman. Na verdade, tive o privilégio de vê-la em algumas ocasiões quando era jovem. Eu a respeito muito por tantas razões. Os milagres que aconteciam em suas reuniões são certamente uma das razões, mas vamos deixar isso de lado por um instante. Sem querer ser desrespeitoso, eu gostaria de lhe dizer o que ela não era. Ela não era conhecida como uma grande professora da Bíblia, ou como uma grande pregadora, apesar de poder fazer os dois. Ela não tinha a beleza natural que parece elevar alguns a posições de favor com o homem antes do tempo determinado. Ela não era uma grande cantora que movia multidões com uma voz incrível. E a lista continua. O que ela fazia? Ela simplesmente parecia ser uma pessoa com quem Deus gostava de estar. Ela é conhecida pela Presença. Os milagres vinham daí. As conversões em massa vinham daí. Os lugares altos de adoração que eram experimentados em suas reuniões vinham daí. Ela era a mulher da Presença.

Eu ainda fico com lágrimas nos olhos quando assisto ao vídeo em que ela fala sobre seu ponto de rendição absoluta ao Espírito Santo. É de fato um momento preocupante. Ela descreve o momento preciso, o lugar específico em que disse o sim definitivo a Deus. Aqueles momentos não revelam nossa força. Na verdade, revelam nossas fraquezas. Ser tudo o que podemos ser requer que sejamos mais dependentes de Deus. Se eu alguma vez vi alguém que sabia de sua necessidade de absoluta dependência de Deus foi a Kathryn. Ela disse sim e recebeu o privilégio de hospedá-Lo de maneira que poucos já imaginaram.

Uma das coisas em que ela teve sucesso, que muitos de nós não temos em nossas vidas, foi em saber quem ela não era. Muitos tentam vestir a armadura de Saul – na tentativa de operar no dom de outra pessoa.[3] Vemos uma pessoa a quem admiramos e frequentemente a inveja tenta nos tornar como ela ou ser mais do que ela. *Todo aquele que sabe quem Deus o criou para ser nunca tentará ser outra pessoa.* Kathryn era um exemplo disso, mas não apenas isso, ela era um exemplo pela razão suprema: porque era conhecida por *Deus estar com ela.*

A Aliança Inferior Aponta Para O Futuro

A vida de Moisés representa hoje um convite para que todos entrem num lugar mais profundo com Deus. A parte incrível é que tudo que Moisés experimentou aconteceu sob uma aliança inferior. Suas conquistas e suas experiências deveriam ser consideradas com alta estima pela Igreja. Seria tolo fazer de outra forma. Mas seria igualmente tolo ignorar o fato de que a marca alta do Antigo Testamento não permaneceu no Novo. É inapropriado esperar bênçãos superiores de uma aliança inferior. Nossos heróis da fé do Novo Testamento entendiam isso, o que permitiu que buscassem além.

A morte de Cristo satisfez os requisitos da Antiga Aliança enquanto acendia o fogo da Nova. *"Este cálice é a **nova aliança** no **Meu sangue**; façam isto, sempre que o beberem, em memória de Mim"* (1 Co 11:25). Quando Jesus morreu, Ele pavimentou o caminho para que as pessoas fossem diretamente à Presença de Deus todos os dias. Isso era impensável nos tempos de Moisés. Apenas o sumo sacerdote podia fazer isso, e acontecia apenas uma vez por ano – no Dia da Expiação. O sangue tornou possível que fôssemos *um povo em Sua Presença.* Certamente, essa possibilidade está muito mais disponível para nós do que era para Israel sob a Antiga Aliança. Mas o fator transformador de vida é este: A morte de Jesus tornou possível que não só entremos na Presença de Deus diariamente, mas que a Presença de Deus entre em nós permanentemente. Tornamo-nos a morada eterna de Deus (ver Efésios 2:22). Incompreensível.

Peças Perdidas

"Diz o tolo em seu coração: 'Deus não existe'" (Sl 14:1). Ainda assim, *muitos* questionam Sua existência, e Sua natureza é questionada pela *maioria* do restante. Conhecendo a natureza da fé e a tensão desse dilema,

o autor de Hebreus diz: *"... quem Dele se aproxima precisa crer que Ele existe e que recompensa aqueles que O buscam"* (Hb 11:6). Ter confiança em Sua existência e *em Sua natureza* é essencial para uma fé ativa. A fé decola quando esclarecemos esses dois assuntos. E não é só saber que Ele existe em algum lugar por aí. É saber que Ele se faz presente aqui e agora. Esse tipo de saber é revelado pela nossa reação – *buscá-Lo diligentemente*. É esse tipo de confiança em Deus. Compreender Sua natureza define os parâmetros para nossa fé. E esses parâmetros são amplos e bons.

Moisés teve uma série de encontros transformadores com Deus. O mais notável foi quando ele viu a plenitude da bondade de Deus. Não há vazio maior nos corações e mentes da humanidade do que o de não compreender a natureza de Deus, principalmente o que é pertinente à bondade de Dele. Parece que não podemos nem mesmo conversar sobre o amor extremo de Deus sem ouvir alguém mencionar sua preocupação com "adoração medíocre" ou "Cristianismo Vale Tudo". Infelizmente, o medo de exagerar a bondade de Deus tem impedido que muitos tenham em seus corações a liberdade pela qual Ele mesmo pagou o preço em nosso lugar. Não é boato. Ele realmente é bom, sempre bom. E descobrir Sua bondade me dá a graça de servi-Lo com total rendição

É difícil imaginar que alguém não queira se render a esse Deus de bondade perfeita. Considerando que até mesmo a Igreja luta com essa questão, não deveria ser surpresa que o ímpio também tenha dificuldade em compreender isso. Eles precisarão de mais do que palavras. Terão que se achegar à Presença.

Ageu 2:7 se refere a Deus como *"O Desejado de Todas as Nações"* (tradução livre do inglês). Isso me diz que todos desejam ter um rei como Jesus. Ele é o que todos anseiam, mas agora até duvidam de que Ele existe. A Igreja representa Jesus, o que basicamente significa reapresentá-Lo. Se pudermos hospedá-Lo e no processo nos tornar como Ele, então o mundo talvez poderá experimentar que "a bondade de Deus o leva ao arrependimento" (ver Romanos 2:4). Eles poderão dizer "Provem e vejam como o Senhor é bom!" (ver Salmos 34:8).

4

A Presença que Nos Capacita

As pessoas mais temidas e respeitadas no Antigo Testamento eram os profetas. Quando eles falavam, as coisas aconteciam. A interação que tinham com Deus produzia um saudável temor a Deus que frequentemente tinha forte impacto em como o povo pensava e vivia. Havia uma coisa que os separava do restante da multidão. Era que *o Espírito de Deus vinha sobre eles*. Tudo mudava naquele momento. Eles passavam de cidadãos respeitados de uma cidade a cidadãos temidos do Céu. Não há dúvidas de que eles tinham um *dom* de Deus que era diferente. Eles podiam *ver*. No entanto, era *o Espírito de Deus sobre eles* que tinha a mais impressionante influência. Deus falava através deles, complementando Sua palavra com sinais e maravilhas. Essas pessoas incomuns fizeram acontecer alguns dos momentos mais bizarros da história. E nós somos mais ricos por causa deles.

Os profetas eram os mais temidos porque o Espírito do Senhor vinha sobre eles. É isso. O Espírito de Deus, Aquele que enche o Céu com Sua Presença, repousa sobre as pessoas. E, quando Ele o faz, coisas acontecem. Esses antigos profetas carregavam a Presença de Deus de uma forma que era rara, principalmente naquela época. O papel que desempenhavam ainda é muitas vezes incompreendido hoje. Eles tinham uma função vital na crescente revelação da interação da Presença de Deus e do propósito do homem na Terra. Se pudermos ver a história deles claramente e reconhecer os momentos causados por esses grandes homens e mulheres de Deus, seremos posicionados para abraçar mais prontamente a missão da nossa época. Ela deve ser uma época ainda maior como Deus prometeu: *"A glória deste novo templo será maior do que a do antigo"* (Ag 2:9). Além disso, podemos ter maior clareza de coração e mente através dos avanços que as gerações anteriores obtiveram por nós.

Muitas dessas histórias nos dão vislumbres proféticos sobre um dia vindouro – um dia em que o que era bizarro e estranho se tornará normal. Mesmo agora existem coisas com que vivemos na igreja que antes eram raras ou impossíveis. Acredite ou não, as coisas estão avançando, progredindo.

Há uma progressão clara na revelação de Deus para o Seu povo e um aumento de Sua Presença e glória manifestas. Ele realmente foi verdadeiro quando disse: *"Do aumento do Seu governo e da paz não haverá fim"* (Is 9:7, AA). Desde que essas palavras foram proferidas, só temos visto aumento. Temos que ajustar a forma como pensamos e enxergamos para não só observar, mas também cooperar com o que Deus está fazendo. Novamente, Sua Palavra diz sobre nós: *"A vereda do justo é como a luz da alvorada, que brilha cada vez mais até a plena claridade do dia"* (Pv 4:18). Nós podemos e devemos esperar progresso. O mesmo versículo é mais maravilhoso ainda na versão Amplificada:

Mas o caminho do [firmemente] justo e correto é como a luz da alvorada, que brilha mais e mais (brilhante e claro) até que [alcance sua glória e força plenas] no dia perfeito [que será preparado].

Esperar algo menos que o progresso é pensar contra o verdadeiro impacto do aumento da manifestação da justiça de Deus na Terra através de Seu povo.

Soberanamente Dele

Na maioria das vezes em que o Espírito Santo vem sobre uma pessoa, Ele move através dela de acordo com sua própria maturidade e seu desejo de ser usada. Eu disse "na maioria das vezes". Já vi várias ocasiões em que o Espírito Santo encheu alguém que não estava sedento e, em alguns casos, eles sequer estavam dispostos a serem usados. Como um observador, isso coloca em mim o temor a Deus. Nesses exemplos, Deus agiu em Sua soberania. Maravilhoso, temível e incrível, tudo ao mesmo tempo.

Cal Pierce, o diretor do ministério *Healing Rooms* cuja base fica em Spokane, Washington, experimentou um desses eventos. Eu vi Deus escolhê-lo. Mesmo se eu vivesse nessa Terra por mais mil anos, eu não poderia esquecer o que testemunhei naquela noite. Deus possuiu aquele homem.

Minha esposa e eu havíamos sido convidados para sermos os novos pastores da Igreja Bethel em Redding, Califórnia. A liderança soube do que estava acontecendo na igreja que pastoreávamos em Weaverville, Califórnia, e tinha sede de que o mesmo acontecesse na Bethel. Logo depois que chegamos, o derramamento do Espírito Santo começou. Foi maravilhoso, glorioso e controverso. Sempre é. Parte da igreja rapidamente abriu os braços para aquele derramamento. Outros deixaram a igreja. As coisas estavam acontecendo tão rapidamente que a equipe e a liderança não podiam ajudar a liderar da maneira que era necessária. Com a sugestão de um dos membros da minha equipe pastoral, fizemos uma reunião particular apenas para a equipe. Eles queriam me ajudar a liderar a igreja naquele movimento. Na reunião, tínhamos grupos de pessoas prontas para servir à equipe pastoral e trazê-los àquele encontro divino que estava transformando tantas vidas. Foi lindo. Agendei a mesma reunião com a nossa liderança.

Cerca de cem pessoas compareceram naquela noite. Eu compartilhei de forma breve o que Deus estava fazendo e convidei o Espírito Santo para estar presente. Foi maravilhoso e simples. Cal e Michelle Pierce faziam parte daquela equipe, já que Cal servia no conselho da igreja. Descobri depois que eles não gostavam do que estava acontecendo e planejavam sair da Bethel, igreja com a qual estavam compromissados por mais de 25 anos. A controvérsia e as manifestações incomuns de Deus rapidamente fizeram com que eles sentissem no coração que deviam ir embora. No entanto, naquela noite, Deus tinha outra coisa em mente. Eu assisti Deus descer sobre Cal e possuí-lo. Eu gostaria de saber dizer isso de outra maneira, mas acho que não seria tão sincero. Ele ficou possuído por Deus, foi escolhido para algo pelo qual ele sequer estava interessado. Após quase todos terem deixado a sala, Cal ainda estava de pé, tremendo, com ondas de glória e poder pulsando pelo seu corpo. Foi maravilhoso. Foi glorioso. Foi algo sério, realmente sério. Deus havia escolhido aquele homem. E o fruto que agora flui dele e de sua esposa Michelle testifica o impacto daquele momento, que só pode ser mensurado na eternidade.

Por muito tempo, tenho sentido que muitas coisas são lançadas para debaixo do tapete chamado de Soberania de Deus. Em outras palavras, Ele leva a culpa por qualquer coisa que acontece. As pessoas geralmente acham que tudo que acontece é a vontade Dele porque Ele é Deus. Chamam isso de *vontade soberana de Deus*. Isso simplesmente não é verdade. Deus quer que *"ninguém pereça, mas que todos cheguem ao arrependimento"* (2 Pe 3:9). Alguém está perecendo? Sim. Essa é a vontade de Deus? Não. Por causa disso, eu tendo a enfatizar o papel que exercemos no resultado das coisas. Porém, amo quando Ele viola o meu entendimento e minha zona de conforto e faz algo tão incrivelmente soberano que me faz temê-Lo mais ainda. Aprendi que Ele não violará Sua Palavra, mas Ele parece não se importar em violar o nosso entendimento Dela.

Profético Sem Querer

Certa vez, fui pregar na base da JOCUM, no Colorado. Kris Valloton, na época um empresário, foi me ajudar. (Hoje ele é um profeta muito maduro e experiente em âmbito internacional que trabalha em nossa equipe na Bethel). Vimos o Espírito de Deus descer sobre muitas pessoas de formas maravilhosas. Mas Ele repousou de maneira única e poderosa sobre uma jovem que não tinha experiências anteriores com dons espirituais, principalmente o profético. Na verdade, ela sequer acreditava que eles existiam. Deus vinha sobre ela de formas que atemorizavam a todos. Ele queria falar através dela. Para ser sincero, eu não posso afirmar se ela estava disposta. Ela não fazia ideia do que estava acontecendo nela e através dela até que tudo terminou. Foi tão glorioso, mas tão sério. A palavra do Senhor através dela foi pura e poderosa. Seu passado extremamente conservador a havia guardado de muitas coisas que contaminavam sua geração. Caminhamos com ela ao redor da sala para orar pelas pessoas (a unção para isso estava obviamente sobre ela, e não em nós). Cada pessoa a quem a levamos foi poderosamente tocada pelo Senhor através das palavras dela. Cada palavra profética era tão profunda. Ela falava de coisas que nunca poderia saber no natural. Aquilo foi maravilhoso? Sim. Glorioso? Sim, sem palavras! Mas Kris e eu tivemos que passar muito tempo conversando com ela entre as sessões, pois aquilo a assustou. Com razão. Nós sabíamos que era Deus. Mas também havia sido além do que para nós era comum.

Essa situação revela a grande necessidade de uma cultura que tem um entendimento de como o Espírito de Deus move. Muitas pessoas não têm com quem conversar quando Deus as toca de maneira diferente. A reação comum de muitos na igreja é tentar ser como a maioria, então nossa experiência com Deus é levada ao menor denominador comum. As pessoas frequentemente, sem saber, se afastam da unção em suas vidas para preservar seu sentido de autocontrole. O outro extremo é que às vezes elas pensam que estão enlouquecendo porque suas experiências parecem muito diferentes das dos outros. O inimigo trabalha para nos isolar, e essa é uma de suas armadilhas. Então acabamos sabotando o que Deus na verdade está fazendo. As pessoas nessa posição precisam de ajuda para processar e aprender o dom que está nelas.

A história pessoal de Kris é bastante profunda. Ele levou anos para descobrir o que Deus estava fazendo nele, pois era demasiadamente fora da nossa realidade e experiência. Se tivéssemos mais pessoas experientes e maduras na época do desenvolvimento de Kris, poderíamos ter economizado anos de turbulência para ele. Essa é a razão por que ele tem um coração voltado para aqueles que têm esse dom profético pouco comum em suas vidas.

Eu sei que existem muitos que acham que esse tipo de encontro não pode ser de Deus. Afinal, o Espírito Santo é um cavalheiro. Pelo menos foi isso que eu escutei durante os maravilhosos anos da Renovação Carismática dos anos 60, 70 e início dos 80. Um cavalheiro? Minha resposta é que talvez seja, mas *cavalheiro* no sentido definido por Deus. Lembre-se, esse *Cavalheiro* derrubou Saulo de Tarso do burro (ver Atos 9). Leia sua Bíblia. Ele faz o que O agrada. Ele é Deus e não vai caber em nossas caixinhas.

Há muitos que têm medo de que Deus faça algo assim com eles e, consequentemente, não conseguem se render totalmente. E há também outros que pensam que, se Deus tocá-los dessa forma, tudo seria consertado. Deus nos conhece por dentro e por fora. Ele conhece nossa maior necessidade e nosso maior desejo. Como um Pai perfeito, Ele anseia prover aquilo que é preciso para nos levar ao próximo nível. Mas Ele também sabe o que nos distrai de nosso propósito e desenvolvimento. Devemos confiar Nele para organizar essa parte de nossas vidas, enquanto nos certificamos de buscar e de ter sede de tudo o que Ele torna disponível para nós.

Um Rei Que Se Saiu Mal

Algumas histórias bíblicas se destacam neste assunto, mas eu escolhi duas por causa de suas singularidades. A primeira tem a ver com o Rei Saul. Ele começou como um bom rei. Ele tinha zelo pelo Senhor e se levantou com indignação justa quando os inimigos de Israel ameaçaram a segurança de Seu povo. Mas ele não é lembrado por isso. Ele é lembrado por suas falhas, já que eventualmente se tornou um rei perverso. Um rei muito perverso.

Apesar de Deus saber o que havia no coração de Saul desde o início, deu a ele a oportunidade de se sair bem. No começo, o profeta Samuel lhe contou sobre um encontro que ele teria o qual mudaria tudo.

> *Depois você irá a Gibeá de Deus, onde há um destacamento fi-listeu. Ao chegar à cidade, você encontrará um **grupo de profe-tas** descendo do altar no monte tocando liras, tamborins, flautas e harpas; e **eles estarão profetizando**. **O Espírito do Senhor se apossará de você**, e com eles **você profetizará** em transe, e **será um novo homem**.*
>
> 1 Samuel 10:5-6

O Espírito do Senhor já estava sobre os profetas. Quando Saul entrou na atmosfera deles, o que estava neles alcançou Saul. Eu desejo muito que aprendamos a reconhecer quando o Espírito de Deus está realmente se movendo numa pessoa. Talvez com honra aprendamos como aproveitar o que Ele está fazendo através dela para que nós também sejamos impactados mais intencionalmente por Sua Presença. O Espírito de Deus sobre uma pessoa gera uma atmosfera celestial aqui e agora. Nesse caso, era um grupo de profetas, então temos o aumento exponencial da Presença e do poder que pode acontecer somente através da unidade. Dois é melhor do que um, se unidos. Dois é menos que um, se divididos. É essencial apren-der a reconhecer isso para que possamos chegar aonde Ele planejou. Isso é chamado de *unção corporativa*.

Aquele encontro foi para prepará-lo para ser o tipo de rei que Isra-el precisava. Quando o Espírito de Deus veio sobre ele, o transformou em um novo homem. Aquele encontro realmente mudou tudo sobre ele. Dependia dele "cuidar do novo jardim" que Deus havia plantado em seu coração. Nós sempre temos um papel a desempenhar em nosso desenvol-vimento. Os dons são gratuitos, mas a maturidade custa caro. *"Assim que esses sinais tiverem se cumprido, faça o que achar melhor, pois Deus está com você"* (1 Sm 10:7). Essa esfera do Espírito Santo seria necessária para que ele cumprisse o que Deus pretendia enquanto ele liderava o povo de Israel em paz e segurança. Através desses meios, ele teria acesso às esferas em Deus para fazer *o que achasse melhor.*

Um Bom Começo

O encontro profético aconteceu exatamente como Samuel havia dito que aconteceria. E isso capacitou Saul a começar bem. Ele possuía o senso de humildade necessário, assim como um zelo significativo pelo nome do Senhor. Aquele encontro com os profetas sem dúvida o transformou no homem de que Deus precisava naquela posição. Mas Deus não é responsável pelo nosso potencial. Nós somos. Todo o Céu é encarregado de se certificar de que tenhamos tudo de que precisamos para alcançar nossos destinos projetados por Deus. A palavra do Senhor foi dita. E nós devemos agir.

Através de uma série de escolhas desastrosas, Saul se tornou o rei não confiável de Israel. Deus começou a procurar outro, um segundo o Seu coração. Ele encontrou um jovem cuidando das ovelhas de seu pai. Ele era um adorador. Seu nome era Davi.

Uma das declarações mais assustadoras que podemos escutar é: *"O Espírito do Senhor se retirou de Saul"* (1 Sm 16:14). O grande dom e a grande responsabilidade têm tudo a ver com a Presença de Deus. Mais tarde, na própria vida de Davi, escutamos ele clamar *"Não tires de mim o Teu Santo Espírito"* (Sl 51:11). A Presença de Deus deve ser nosso galardão!

O Perverso É Ungido

Essa é uma parte bastante estranha da história. Anos se passaram e Saul agora é um rei muito perverso. Ele odeia a unção e principalmente o ungido – Davi. Tornou-se óbvio para ele que Deus havia escolhido outro homem para servir como rei, pois ele havia abusado de sua posição. Saul tinha inveja de Davi e tentou matá-lo. Ele enviou servos para capturarem Davi a fim de que pudesse se livrar daquele que o fazia lembrar-se do que havia perdido.

*Então **Saul enviou alguns homens para capturá-lo**. Todavia, **quando viram um grupo de profetas profetizando**, dirigidos por Samuel, **o Espírito de Deus apoderou-se dos mensageiros de Saul** e eles **também entraram em transe profético**. Contaram isto a Saul, e **ele enviou mais mensageiros, e estes também entraram em transe profético**. Depois **mandou um terceiro grupo e eles também entraram em transe profético**. Finalmente **ele mesmo foi** para Ramá. Chegando à grande cisterna do lugar chamado Seco, perguntou onde estavam Samuel e Davi. E lhe responderam: "Em Naiote de Ramá". Então Saul foi para lá. Entretanto, **o Espírito de Deus apoderou-se dele; e ele foi pelo caminho em transe profético**, até chegar a Naiote. E despindo-se de suas roupas, **também profetizou em transe na presença de Samuel**. Ele ficou deitado nu todo aquele dia e toda aquela noite. Por isso, o povo diz: Está Saul também entre os profetas?*

1 Samuel 19:20-24

Quando o Espírito de Deus pousa sobre as pessoas, elas fazem coisas extraordinárias em Seu nome. O Espírito de Deus, ao descer sobre um grupo de pessoas, automaticamente carrega a atmosfera. Isso aconteceu nesta história. Os profetas estavam profetizando e o ar estava pesado com a Presença de Deus. E aqueles servos, que tinham a missão de assassinar, acabaram caindo sob a influência profética e começaram a operar fora de seus dons. Eles profetizaram. Saul então enviou um segundo grupo, que reagiu à unção da mesma forma. E, por fim, enviou um terceiro grupo que teve o mesmo resultado. Aquilo frustrou Saul até o seu limite. Ele sabia o que estava acontecendo com eles, pois aquilo fazia parte de sua história. Ele havia tido a mesma experiência. Essa provavelmente é a razão por que ele não matou aqueles servos que falharam em sua missão.

Um Vislumbre da Graça

Esse é um exemplo extremamente maravilhoso da graça. É por isso que digo que há muitos exemplos no Antigo Testamento que na verdade são imagens da realidade do Novo Testamento. E esse é um deles. A graça é muitas vezes definida como *favor imerecido*. E esse é o lugar perfeito por onde começar a definir essa palavra tão importante. Mas uma definição mais completa seria: *favor imerecido que traz Sua Presença capacitadora*. Ali estava a Presença capacitadora de Deus dando às pessoas a chance de experimentar a vida em sua plenitude. Certamente, isso deu aos servos de Saul uma oportunidade de repensar como eles queriam viver suas vidas. Eles experimentaram a vida no Espírito. Agora eles estavam arruinados para qualquer outra coisa. Esse é um vislumbre profético da graça.

Saul finalmente decide ir por si mesmo. E apesar de estar em condições péssimas, com um coração cheio de perversidade, ele entra na atmosfera da Presença manifesta de Deus sobre os profetas e *profetiza continuamente*. A parte mais estranha da história é que ele tira todas as suas roupas. Estou certo de que há um grande significado espiritual nessa parte da história que eu ainda não entendi. Mas eu sei do seguinte – ele estava retornando, mesmo que fosse por pouco tempo, a uma posição de humildade. Além disso, sem roupa, ele não iria a lugar algum tão cedo. Ele parecia estar dizendo: "Estou vulnerável perante o profeta Samuel. E não irei a nenhum lugar!" Mais uma vez, ele teve a oportunidade de ser transformado por causa da unção. Saul encontrou o Espírito Santo – a unção que liberta. *"O jugo será despedaçado por causa da unção"* (Is 10:27, ACF). Mas isso não aconteceu. Você pode ter um jardim perfeitamente plantado, mas sem manutenção contínua, em pouco tempo ele se tornará um jardim de joio.

Devemos administrar a vida que Deus nos dá. *"A quem muito foi dado, muito será exigido"* (Lc 12:48). O Rei Salomão experimentou desastre em sua vida porque falhou nesta única coisa. Deus deu a ele mais do que a qualquer pessoa que já existiu. Há um versículo sobre ele que penetra no meu coração mais do que todos os outros: *"O Senhor irou-se contra Salomão por ter-se desviado do Senhor, o Deus de Israel, **que lhe havia aparecido duas vezes**"* (1 Rs 11:9). Deus teve com Salomão os encontros mais raros, duas vezes, mas o efeito parece não ter durado. Somos responsáveis pelo que recebemos. Manter vivo o impacto de uma experiência é algo que depende de nós.

Já vi pessoas receberem toques profundos do Senhor. E quando elas não administram aquele toque, as coisas ficam azedas em suas vidas. Críticos do avivamento tendem a querer desprezar o toque de Deus e dizem: "Viu, eu disse, aquilo não era realmente o toque de Deus na vida dele". Será que Deus deve ser questionado por causa do homem? Jesus falou sobre a cura de dez leprosos. Apenas um voltou para agradecer (ver Lucas 17:15-18). Isso significa que os outros nove não receberam um toque de Deus? Claro que não. A validade do feito de Deus nunca é determinada pela reação do homem, seja ela boa ou ruim. A obra Dele é medida pelo seguinte: Eles tinham lepra, e agora não têm. Ou, "eu era cego e agora vejo" (ver João 9:25). Ou, a pessoa tocada por Deus foi curada de câncer, o médico verificou e damos a Deus todo o louvor.

O que faz uma pessoa tropeçar é quando ela tem câncer ou outra doença novamente. Muitas vezes, ela acredita que Deus trouxe a enfermidade de volta porque era Sua vontade desde o início. Deus não fez com que a doença voltasse da mesma forma que não a causou da primeira vez. Não faz sentido Jesus curar uma enfermidade que o Pai determinou que a pessoa tenha, senão teremos uma casa dividida – aquela que não permanece (ver Lucas 11:17). Isso faz surgir outro assunto a ser discutido em outra ocasião. Mas a necessidade nunca está no lado de Deus da questão. Seria tolo questionar a Deus por causa de uma necessidade que repousa diretamente sobre os ombros das pessoas. (A questão de doenças recorrentes é muito séria e deve ser abordada *sem* dar a Deus o crédito pela obra do diabo. Ler Lucas 11:24-26 e 1 Coríntios 11:27-30 é uma boa maneira de começar).

Um Guerreiro Temente

A segunda história na verdade nos dá um entendimento sobre os caminhos do Espírito, e é inclusive minha favorita em toda a Bíblia. É sobre um dos juízes de Israel: Gideão.

Gideão é alguém que rapidamente se torna o favorito de muitos da mesma forma que o apóstolo Pedro, pois nos identificamos facilmente com ele. Ele era simplesmente um medroso. Quando Deus estava procurando por alguém que libertasse Israel de seu opressor, escolheu Gideão. Não existe uma razão óbvia, pelo menos não uma que chame minha atenção.

Deus encontrou Gideão escondido num tanque de prensar uvas, tentando malhar trigo. Os midianitas vinham roubando o povo de Israel por um tempo. Sem dúvida, ele estava tentando conseguir suprimentos para sua família sem ser roubado novamente. Independentemente disso, malhar trigo num tanque de prensar uvas nos oferece uma imagem fascinante. Trigo fala do *pão da Palavra de Deus* – ensinamento. Vinho representa a *experiência palpável com o Espírito Santo* – às vezes, encontros inebriantes. Sob a perspectiva de Deus, eles nunca estão em conflito um com o outro, mas frequentemente sob a nossa sim. Cada um serve a um propósito com o qual o outro não pode lidar. A imagem interessante é a de Gideão tentando tirar o pão da Palavra de Deus de um lugar onde o vinho é feito. Não funciona.

Vimos isso nos primeiros dias do derramamento. As pessoas estavam com raiva porque não havia tanta ênfase em ensinamento. Nós tentávamos. Mas é difícil tentar tirar pão de uvas. Em quase todas as vezes que tentamos, parecíamos estar lutando contra o coração de Deus naquele momento. O oposto também é verdade. Muitos querem apenas sentar e cantar ou dar risadas enquanto Deus deseja construir nosso entendimento através de Sua Palavra. Minha filosofia é a seguinte: Quando Deus estiver servindo vinho, beba. Quando Ele estiver servindo pão, coma.

Os Poderosos Estão Se Escondendo

Deus fala através de Seu anjo e chama Gideão de poderoso guerreiro (ver Juízes 6:12). Gideão responde: *"Ah, Senhor, se o Senhor está conosco, por que aconteceu tudo isso? Onde estão todas as Suas maravilhas que os nossos pais nos contam?"* (Jz 6:13). Isso me parece engraçado. Um anjo acaba de falar com ele enquanto ele está escondido num tanque de prensar uvas, e quase sem hesitar ele prontamente tem uma resposta para o anjo. Não deveríamos ficar surpresos em saber no que Gideão estava pensando quando o anjo apareceu. Suas armas estavam carregadas.

Se há um versículo na Bíblia que parece descrever o coração das pessoas que muitas vezes perdem o que Deus está fazendo, é esse, cuja ideia é esta: *Se Deus está conosco, por que todas essas coisas ruins aconteceram? E onde estão os milagres sobre os quais sempre ouvimos?* Até hoje, muitos parecem não perceber que Ele não causa as coisas ruins, mas, ao contrário, nos equipa com autoridade, poder e missão para lidarmos com o diabo e seus feitos. Depende de nós aprender como usar as ferramentas que Deus nos dá. Se não aprendemos, o diabo continua a roubar. Para o crédito de Gideão, ele obedece à palavra do Senhor e Lhe oferece sacrifício.

Mais uma vez, uma história precisa ser abreviada por causa do espaço. Mas o ponto principal dela é que Gideão tinha medo no início. Ele teve medo no meio da história. Tenho certeza de que quando Deus reduziu seu exército de 32 mil para 300, aquilo não ajudou.

Finalmente, Deus dá a confirmação de que está com ele e então entrega Sua missão a Gideão. E só para caber na maneira própria de Deus de fazer as coisas, Ele disse a Gideão o que fazer se tivesse medo.

> *Naquela noite o Senhor disse a Gideão: "Levante-se, e desça ao acampamento, pois vou entregá-lo nas suas mãos.* ***Se você está com medo*** *de atacá-los,* ***desça ao acampamento com o seu servo Pura*** *e ouça o que estiverem dizendo. Depois disso você terá coragem para atacar".* ***Então ele e o seu servo Pura desceram até os postos avançados do acampamento.***
>
> Juízes 7:9-11

Note que o Senhor disse: *"Se você está com medo, desça ao acampamento dos midianitas".* A frase seguinte diz que ele foi ao acampamento. Novamente, isso nos diz que ele ainda estava lidando com o medo. Além disso, o acampamento do inimigo é um lugar estranho para onde ir a fim de buscar encorajamento. Moisés certa vez enviou 12 espias para observarem a Terra Prometida, que também era a cidade do inimigo. Dez espias trouxeram um relatório ruim por causa de seu medo e fizeram com que a nação de Israel também tivesse medo (ver Números 13:25-33). Aqueles dez espias apenas se juntaram e alimentaram o medo uns dos outros.

Às vezes, o melhor lugar onde buscar encorajamento é o acampamento do inimigo. É onde os dois espias ficaram encorajados e se recusaram a permitir que os dez medrosos os alimentassem com o medo. E agora é para onde Deus envia Gideão, o medroso. Parece até humor divino – se você está com medo, vá até aquele de quem você tem medo. Quando obedeceu, Gideão ouviu que um deles havia tido um sonho, que foi interpretado como sendo sobre serem derrotados por Gideão (ver Juízes 7:13-14). Isso com certeza o encorajou.

A Metáfora Suprema

A história continua a relatar que Gideão e seus homens fizeram exatamente aquilo. Eles derrotaram os midianitas e restauraram Israel em um lugar de força e sem o abuso das nações vizinhas. É uma história maravilhosa. Mas no meio desse milagre, encontramos um versículo pouco comum: *"Então o Espírito do Senhor revestiu a Gideão"* (Jz 6:34, ACF). Isso seria bom o bastante como está. Porém, isso nos diz muito mais. A palavra "revestiu" apresenta aqui o sentido de *colocar sobre, vestir, ser vestido*. Nas notas de rodapé da minha Bíblia de estudo[4], há: "Em hebraico, isso literalmente significa 'O Espírito do Senhor vestiu-se com Gideão'". Esplêndido! Deus vestido com Gideão. Não consigo imaginar nenhuma metáfora da vida cheia do Espírito que descreve mais precisamente meu coração do que essa: Deus vestiu Gideão como uma luva.

Aqui está a descrição do que acontece: A Presença de Deus é hospedada por uma pessoa tão significativamente que Ele de fato vive através dela. Não cancela quem ela é, mas a captura à plenitude, imerso na influência divina. É como se sua personalidade, seus dons e seu comportamento se expressassem através de Deus vivendo nela. Mais importante, há outro momento cheio da graça. Gideão havia recebido o *favor que trouxe a capacitadora Presença de Deus em sua vida para capacitá-lo* a fazer o que era impossível que fizesse.

Para alguns, isso implicaria que é totalmente Jesus e nada de nós. Eu não acredito que seja assim. Não há dúvidas de que Ele é o fator determinante em qualquer situação importante. Mas, às vezes, temos uma visão prejudicial de nossas vidas e de nossa posição em Seu plano. Já ouvi muitos orarem "Nada de mim, tudo de Ti!". É uma oração nobre. Estou certo de que resulta do desejo de não deixar que nosso egoísmo exerça alguma influência no resultado das coisas. Mas nossa justiça não deveria ter um efeito no resultado das coisas já que Ele nos tornou justos? Deus não possuía nenhum de nós antes de sermos criados. Ele não gostava disso. Por isso, nos criou.

Não é como se nós não importássemos, e somente Jesus importasse. Muitos tomam a oração de João Batista como modelo: *"É necessário que ele cresça e que eu diminua"* (Jo 3:30). Na verdade, essa não é uma oração legítima para nós. João estava fechando uma época como o maior profeta do Antigo Testamento. Ele estava passando o bastão para Jesus, que iniciaria a existência do Reino de Deus na Terra. O foco estava mudando de *João e a Lei* para *Jesus e o Reino*. João tinha que diminuir. Jesus tinha que crescer. Mas quando Jesus deixou a Terra Ele não disse que deveríamos diminuir. Ao contrário, Ele passou aquele mesmo bastão para nós com Seu nome, poder e autoridade, e nos comissionou a continuar o que Ele havia começado. *"Assim como o Pai me enviou, eu os envio"* (Jo 20:21). O necessário não é menos de nós e mais Dele. É necessário que *todos nós sejamos cobertos e preenchidos por tudo Dele!*

Não há dúvida de que Jesus é a resposta, mas Ele não fará isso sem nós. Este tem sido o Seu plano desde o início. Então, precisamos pensar consistentemente com as maneiras Dele, orar de acordo com Suas promessas, e viver de acordo com Sua provisão e *ser vestidos como uma luva.*

Selá

Na verdade, as lições que colhemos da história de Saul não são sobre ele. Igualmente, a história de Gideão não é realmente sobre Gideão. Em cada caso, estamos olhando para o privilégio de hospedar o Espírito de Deus, o grande galardão, e de aprender como Ele move e age dentro e através das pessoas. Essa é uma missão para a qual todos nós nascemos.

5

Pré-Estreia

Deus, o grande Produtor e Orquestrador da vida, tem algumas surpresas guardadas para todos nós. Ele simplesmente ama contar Seus próprios segredos. E, ao longo da história, Ele nos ofereceu vislumbres do que estava por vir.

Devido à criação do Mestre, todo mundo vive para tornar a vida melhor. Alguns servem à melhoria da humanidade, e outros meramente servem a si mesmos. Mas, como pessoas, nós carregamos um senso de esperança de que as coisas podem e devem ser melhores do que atualmente são. Isso afeta todas as áreas da vida – ciência, tecnologia, entretenimento, etc.. Todas as coisas vivem sob a influência desse desejo interior. Está na natureza dos humanos, e é o resultado de sermos feitos à imagem de Deus. Essa é a forma como pessoas criativas funcionam. Nós recorremos às habilidades dadas por Deus a fim de chegar a soluções para resolver problemas e responder qualquer questão que esteja bloqueando o caminho do progresso.

Deus trabalha com esse instinto e nos atrai para o nosso potencial através da promessa e do mistério da possibilidade. Por causa disso, vivemos na tensão entre o que existe e o que há de vir. Deus tem dado a cada ser humano um senso de esperança por um futuro melhor. Alguns abafam essa convicção interior através do sarcasmo, o mecanismo de defesa do desapontamento, enquanto outros silenciam essa voz com uma teologia de incredulidade. Ainda, outros têm sua esperança roubada pelo tratamento abusivo recebido de outros. Mas ela foi plantada neles no início e pode ser restaurada.

Deus é famoso por oferecer *pré-estreias* de Suas próximas atrações. Sabemos que *"a glória de Deus é ocultar certas coisas"* (Pv 25:2), entretanto Ele ama revelar coisas ao Seu povo. É porque Ele não esconde coisas *de* nós. Ele esconde coisas *por* nós.[5] O Antigo Testamento serve a esse propósito.

O Antigo Testamento é repleto de ensinamentos e de revelações que serviam para a expressão prática de vida e adoração de Israel. No entanto, no fim das contas, eram coisas que profetizavam e falavam do futuro. Tratavam de tudo, desde a vinda do Messias à nova natureza dada ao Seu povo até o relacionamento de Deus com a humanidade. Cada assunto e promessa eram maravilhosos, mas muito além da compreensão.

Enxergando Além

Os profetas muitas vezes eram chamados de videntes. O título não seria necessário se tudo que vissem já existisse. O dom era para capacitá-los a ver o invisível dos dias deles assim como ter um *conhecimento* dos dias vindouros.

A era da Nova Aliança é o que os profetas viam à frente e sobre o que falavam. Eles apontaram para esse momento da história. Eles serviam a Israel, é claro. Mas no fim das contas estavam servindo tanto ao *ramo de oliveira brava* quanto ao *ramo natural* – os Gentios e Judeus que iriam compor o povo misterioso chamado de Corpo de Cristo (ver Romanos 11:17-24; Efésios. 3:4-9). Eles estavam servindo àqueles que estariam vivos nos últimos dias, que começariam a partir da ressurreição de Cristo. E agora estamos 2 mil anos depois, os últimos dos últimos dias.

Nascido para Sonhar

Faça pelo menos uma lista mental dos reis e profetas que são seus heróis, os que sonharam com os dias em que vivemos: Salomão, Davi, Isaías e Daniel. E a lista continua. E não houve nenhum deles que visse o que estava por vir sem sentir uma dor no coração por querer ter um gostinho daquela realidade – uma que agora vivemos. O principal foco do sonho deles era duplo: 1) ter um novo coração com uma nova natureza, e 2) ter o Espírito de Deus vivendo e repousando sobre cada crente. Essas duas ideias iam além da compreensão de todos, inclusive dos 12 discípulos. Jesus teve que instruí-los de que ter o Espírito Santo seria ainda melhor do que ter o Filho de Deus com eles na carne (ver João 16:7). No entanto, qualquer um deles escolheria que Jesus permanecesse em carne, se essa escolha lhes fosse dada. Sem saber disso, eles estavam prestes a viver algo que havia sido o foco interior de muitos *grandes* que existiram antes deles – um ponto de inflexão, como alguns descreveriam.

> *Pois eu lhes digo que muitos profetas e reis desejaram ver o que vocês estão vendo, mas não viram; e ouvir o que vocês estão ouvindo, mas não ouviram.*
>
> *Lucas 10:24*

Profetas e reis, o *quem é quem* dos tempos bíblicos, tinham o conhecimento de uma realidade superior que estava por vir. E, apesar de desejarem fazer parte dela, era proibido. Esse privilégio estava reservado para você. Aqueles grandes homens que fizeram história ficam na nuvem de testemunhas assistindo empolgados e maravilhados ao desvendar do mistério de Cristo diante de seus olhos. É claro que não fizemos nada para merecer o privilégio. É a escolha do Soberano Deus. Dito isso, reconheço que somos levados a uma posição profunda de responsabilidade e confiabilidade porque temos acesso a algo que aqueles reis e profetas não tiveram. É realmente sério.

Vamos supor por um momento que Salomão seja um dos reis de quem Jesus falou na passagem de Lucas 10 – uma hipótese segura, eu acho, considerando a natureza de sua sabedoria e de sua visão profética. Pense em como deve ter sido para aquele homem unicamente privilegiado ansiar pelos nossos dias. Ele possuía toda a riqueza possível que este mundo podia oferecer, a ponto de deixar no chinelo o homem mais rico de hoje, em comparação. Seu impacto sobre as nações fazia com que líderes que o odiavam o servissem. Ele era temido por causa de sua sabedoria que parecia vir com a Presença, pois a sabedoria é uma pessoa (ver 1 Coríntios 1:30). Os inimigos dele sentavam em silêncio por causa dela. As nações falavam sobre ele. Até reis e rainhas viajavam longas distâncias só para ouvi-lo falar. Inclusive, tentavam testá-lo com as perguntas mais difíceis, mas ele respondia todas. Os céticos se tornavam seus fãs. Não havia nada com o que ele sonhasse que não pudesse ter. Com exceção de uma coisa – o futuro.

Reis e profetas, os mais conscientes de realidades invisíveis, receberam pré-estreias do que estava por vir. E cada um deles daria tudo o que tinha para experimentar o que foi dado a nós.

Davi era sem dúvida um daqueles a quem Jesus fez referência em Lucas 10. Ele era rei e profeta. *"Irmãos, posso dizer-lhes com franqueza que o patriarca Davi... era profeta... prevendo isso, falou"* (Atos 2:29-31). É isso que profetas fazem. Enxergam além de seus dias e, de acordo com isso, falam.

O rei e o profeta são a combinação apóstolo/profeta do Antigo Testamento. Inferir que apóstolos são reis só funciona se enxergarmos os reis como Deus os projetou: altamente favorecidos para servir eficazmente, até aos menores de todos.

Aumento da Sede

Todos os encontros face a face estavam à frente do tempo no sentido de que aquele nível de intimidade se tornaria normal apenas depois que o sangue de Jesus fosse derramado. Até mesmo Gideão teve que dar um beliscão em si mesmo para ter certeza de que ainda estava vivo após seu encontro com Deus (ver Juízes 6:22-24). E pareceu surpreso ao descobrir que de fato estava. O Antigo Testamento é repleto de pessoas que experimentaram coisas antes do tempo. Pré-estreias.

Você já foi assistir a um filme porque o *trailer* o fazia parecer muito engraçado, mas quando o assistiu, percebeu que todas as cenas engraçadas já estavam no *trailer*? É um grande desapontamento. O filme não ficou melhor do que aquela sequência de 60 segundos. Deus não é assim. Ele nos atrai para a fé no impossível e depois supera a Si mesmo. É assim que Ele é. Ele oferece um vislumbre do que há de vir, sabendo que até mesmo aqueles que o viram ficariam surpresos quando de fato acontecesse. Suas obras vindouras são representadas em palavras e imagens, mas nunca podem estar totalmente contidas nelas. Ele ultrapassa toda descrição e a boa expectativa de todos. Ele é extremo em todas as maneiras certas.

Nós recebemos um dos maiores privilégios de todos os tempos – abundância de esperança num tempo sem esperança. Isso é uma *luz sobre o monte*. Ainda assim, muitos que recebem a honra de administrar a esperança têm permitido que as pressões desta vida os desviem de seus propósitos. E aqueles que devem ser uma fonte de esperança se tornam espelhos da falta de esperança dos que não têm Cristo. Isso é verdade principalmente quanto aos últimos dias. Quando consideram o futuro, podem apenas ficar felizes sobre o fato de o Céu estar próximo. E devem. Essa deve ser a grande esperança de todo crente. Mas nossa missão deve nos preocupar mais do que nosso destino. Devemos ser conhecidos pela esperança em relação ao dia em que vivemos, já que os propósitos de Deus sempre são grandes. Ele fará tudo que for necessário, de acordo com Suas promessas para Sua Noiva vitoriosa. Quando Jesus disse que haveria *guerras e rumores de guerras*, Ele não estava nos dando uma promessa (ver Mateus 24:6). Ele estava descrevendo as condições em que estava enviando Seu exército dos últimos dias de pessoas transformadoras.

Imagens Proféticas

Considere algumas coisas vistas por eles que lhes fizeram saber que algo *maior* estava por vir. Além das promessas de que o Messias viria, de que a Terra seria cheia de Sua glória e de que Israel seria levantado para uma posição restaurada de proeminência, havia as experiências, os símbolos, os sinais e prenúncios que falavam de algo maior que estava por vir. Por exemplo:

- Eles sacrificavam carneiros reconhecendo que um cordeiro viria como expiação eterna do pecado. Deus providenciaria um Cordeiro para Si mesmo.
- Toda a mobília do Tabernáculo de Moisés era organizada na forma de uma cruz. Eles ofereciam sacrifícios naquele lugar quando a pena de crucificação ainda não existia.
- Cada item da mobília fazia referência ao Messias, representando algo distinto sobre a natureza e a função de Cristo, por exemplo, a mesa de pão – Jesus o Pão da Vida; o candelabro – Jesus a Luz do Mundo, etc.
- Abraão instintivamente buscou uma cidade cujo arquiteto e edificador é Deus (ver Hebreus 11:9-10). Aquele clamor pela chegada do Reino aconteceu antes que houvesse quaisquer profecias sobre isso ou até ensinamentos dos rabinos.
- Davi aprendeu algo na Presença de Deus que não poderia ser ensinado pela Lei – Deus realmente não queria o sacrifício de bois e cabras. Ele ansiava pelo sacrifício do coração – quebrantamento e rendição (ver Salmos 51:17).
- Davi descobriu que Deus habitava em meio aos louvores (ver Salmos 22:3).
- Somente os sacerdotes podiam carregar a Presença de Deus. Ele não devia ser colocado em carros de boi ou em qualquer coisa feita pelo homem (ver Êxodo 25).

Essa lista é sem fim em possibilidades e profunda em seu impacto. Deus ofereceu, antes do tempo, discernimento sobre o que estava por vir. Ele nos mostra o que virá não para que possamos bolar planos e estratégias, mas para que fiquemos sedentos e tragamos para o nosso dia o que está reservado para outro.

Eles tinham um senso de que o que estava por vir era glorioso e além de qualquer descrição. Eu creio que uma das principais obras do diabo é nos fazer desanimar quanto ao dia em que vivemos. Enquanto *idolatramos* outra era, ficamos cegos sobre a importância de nossos dias.

Passado, Presente e Futuro

Eu era muito ativo nos esportes, principalmente durante a minha adolescência e o início da minha fase adulta. Seja no beisebol, no tênis, ou no golfe, o chamado *swing* tem três componentes básicos. Existem o *backswing* (preparação), o ponto de contato e o *follow-through* (finalização). Atletas habilidosos e disciplinados aprendem a ser consistentes nessas três coisas. Metaforicamente falando, o *backswing* é nosso passado, o ponto de contato é o momento em que vivemos e o *follow-through* é o destino/ futuro de acordo com a promessa.

Nosso *backswing* é a história pessoal de Deus e Suas conquistas por nós através de Cristo. Nós herdamos Sua história como se fosse nossa o tempo todo. Ele tomou para Si o que merecíamos para que pudéssemos receber o que Ele merecia. O ponto de contato é o momento presente, sabendo que Deus tem um propósito único para nossas vidas. Não tem a ver só com o futuro. Tem a ver também com o momento em que estamos que é tão magnífico, que apenas a incredulidade e a introspecção podem me roubar de sua plenitude. O *follow-through* é um futuro repleto de esperança porque a história é muito sólida e segura. O *follow-through* está no mesmo arco que o *backswing*. Ou seja, quando o *backswing* é certo e o ponto de contato é certo, o *follow-through* é previsível. Um prepara o outro. Deus foi à nossa frente, assegurando completamente o futuro para nós. A fidelidade nos mantém sincronizados com Seu plano perfeito. Sempre que Deus nos dá uma promessa, é porque Ele foi ao nosso futuro e trouxe a palavra necessária para nos levar até lá.

Ao longo da Bíblia, Deus cria um desejo no coração de Seu povo não apenas pelo Céu como um lugar, mas pelo Céu como um reino em que Sua Presença governa. É bom e correto ansiar pelo Céu como meu lar, mas também é minha responsabilidade desejar Seu domínio aqui e agora. A tarefa de Deus é me fazer chegar ao Céu. Minha tarefa não é ir para o Céu, mas trazê-lo para a Terra através das minhas orações e da minha obediência.

A Casa de Deus é a Porta dos Céus

Uma das minhas imagens favoritas sobre a Igreja está na história de Jacó em Gênesis 28. Talvez seja a natureza abstrata da história que me atrai, não tenho certeza. Mas sei que há a promessa de algo tão significativo aqui que será preciso uma geração muito especial para recebê-la completamente.

> *Jacó partiu de Berseba e foi para Harã. Chegando a determinado lugar, parou para pernoitar, porque o sol já se havia posto. Tomando uma das pedras dali, usou-a como travesseiro e deitou-se. E teve um sonho no qual viu uma escada apoiada na terra; o seu topo alcançava os céus, e os anjos de Deus subiam e desciam por ela... Quando Jacó acordou do sono, disse: 'Sem dúvida o Senhor está neste lugar, mas eu não sabia!' Teve medo e disse: 'Temível é este lugar! Não é outro, senão **a casa de Deus**; **esta é a porta dos céus**.'... E deu o nome de Betel àquele lugar.*
>
> Gênesis 28:10-12,16-17,19

Esta é a primeira menção sobre a casa de Deus na Bíblia. Um dos princípios mais significativos da interpretação bíblica é que a primeira menção de algo nas Escrituras carrega um peso extra. Lança um padrão para um assunto que o restante da Bíblia irá apoiar e complementar. A parte um pouco estranha desse exemplo da casa de Deus é que não há nenhum edifício ali. Não é um tabernáculo nem uma tenda móvel, nem mesmo um templo que é permanente. É Deus com um homem ao lado de uma colina. É uma grande imagem da realidade sob a perspectiva de Deus. É a casa de Deus.

Os elementos dessa história são simples – Céu aberto, a voz do Pai, anjos subindo e descendo, uma escada na Terra chegando até o Céu. Isso é em sua totalidade uma imagem da igreja. Porém, a parte mais impressionante é a conclusão que Jacó teve dessa revelação. *Este lugar não é outro senão a casa de Deus, a porta dos céus.* Você captou isso? A casa de Deus é o portão do Céu.

Portões são simples, mas itens interessantes que fazem parte do nosso dia a dia. Talvez você tenha um que o leve de seu quintal para a calçada da rua, ou de seu quintal para a entrada da garagem. Um portão é um local de transição que nos leva de um lugar para outro ou de uma esfera para outra.

Essa ilustração é bastante profunda. A Igreja é o lugar de habitação eterna de Deus. No momento atual, é um edifício construído na beira de dois mundos. Temos dupla cidadania, tanto na Terra como no Céu. Como tais, somos não apenas aqueles que devem orar pelo Reino de Deus que há de vir, somos as ferramentas que frequentemente são usadas para trazer aquela realidade a este mundo. Não tenho certeza se sempre temos a noção da magnitude do que estamos fazendo ou do impacto que estamos provocando. Porém, é útil compreender que a nossa obediência sempre traz o mundo Dele a este aqui de uma forma mais substancial do que jamais pensamos ser possível.

Instruções Surpreendentes

Deus havia dado tantas revelações aos profetas, não só através de suas palavras proféticas, mas também com suas experiências celestiais. Como já disse, creio que foi escrito nos corações dos profetas, assim como nos das pessoas comuns, que havia algo mais, muito mais do que o que era considerado possível. Faz parte da natureza humana almejar, desejar e sonhar. Não podemos ter o desejo de comer algo doce se algo doce não existe. Da mesma forma, a sede por mais de Deus testifica que realmente existe mais e está disponível. Foi isso que levou Abraão em busca ao nunca visto. *"Pois ele esperava a cidade que tem alicerces, cujo arquiteto e edificador é Deus"* (Hb 11:10). Foi a convicção interior de que algo mais real, substancial, eterno e construído pelo Próprio Deus está disponível para todos.

Jesus falou com Seus discípulos de uma forma bastante singular. Ele disse: *"Na casa de Meu Pai há muitos aposentos; **se não fosse assim, Eu lhes teria dito**. Vou preparar-lhes lugar"* (Jo 14:2). Seria mais comum em nosso senso Ele dizer: *"Se fosse assim, Eu lhes diria"*, ou *"Por isso, Eu lhes disse"*. Por que a abordagem Dele foi tão diferente do nosso raciocínio? Ele não precisava reafirmar a eles algo do qual já tinham consciência, logo Ele está falando à consciência de reinos celestiais existente no coração de toda pessoa; Ele está reconhecendo essa realidade. Seu dever seria informar a eles de que a consciência e o sonho deles não eram verdadeiros e não eram baseados na realidade *se não fosse assim*.

Jesus é a Luz que ilumina todos que vêm ao mundo. Todo mundo recebeu Sua luz. Porém, os afazeres, a vergonha e o orgulho nos impedem de manter contato com o entendimento sobre o invisível que Deus colocou na consciência de cada pessoa nascida nesse planeta. O que fazemos com esse conhecimento é nossa responsabilidade.

A Oração dos Profetas

Posso até imaginar a natureza dos sonhos dos profetas. Além de terem consciência inata de que havia algo mais, alguns deles vislumbraram o que viria a existir. Inclusive, alguns viram o Céu, o trono de Deus e as misteriosas esferas angelicais. A sede geral era de que o mundo de Deus tivesse um efeito neste aqui. Isaías até orou: *"Ah, se rompesses os céus e descesses!"* (Is 64:1). Era uma palavra profética em forma de oração. A oração ungida sempre possui uma natureza profética.

O clamor para que o Céu influenciasse a Terra havia mais uma vez explodido de dentro do coração. Dessa vez era um profeta. Deus já havia preparado o cenário em que responderia a esse clamor e instruiu Isaías a orar e declarar aquilo.

6

Respostas a Clamores Antigos

Os clamores por Deus, alguns vindos dos justos e outros dos ímpios, têm ressoado ao longo dos séculos. Eu cresci ouvindo que havia um vazio no formato de Deus no coração de cada pessoa. Eu creio nisso.

Esse anseio por Deus é visto de tantas formas, inclusive pela vontade de tornar as coisas melhores na vida. Já viajei pelo mundo todo, e uma coisa que há em todo grupo de pessoas que conheci é o desejo de descobrir novas coisas e de tornar melhor o que já existe. Essa paixão está firmemente enraizada em todos.

Deus nos criou com desejos, com paixões e com a capacidade de sonhar. Todas essas características são necessárias para verdadeiramente nos tornarmos parecidos com Ele. Com essas capacidades, podemos descobrir mais de Deus, nosso propósito na vida e a beleza e a plenitude de Seu Reino. Quando essas habilidades são desatreladas do propósito divino, elas nos levam ao fruto proibido. Era um risco que Deus estava disposto a correr a fim de completar Seu sonho – que aqueles feitos a Sua imagem, que O adoram por escolha, carreguem Sua Presença em toda a Terra.

Isaías representava o clamor de toda a humanidade quando orou: *"Ah, se rompesses os céus e descesses!"* De alguma forma, era sabido que as realidades do Céu e da Terra devem estar mais próximas uma da outra. Nessa oração, o clamor para que o Céu influenciasse a Terra mais uma vez havia explodido do coração. Dessa vez a partir de um profeta. Deus já havia preparado o cenário para Sua resposta e instruiu Isaías a fazer aquela declaração. Era uma palavra profética em forma de oração.

Veio a resposta do Céu. A revelação e a liberação do plano redentor de Deus agora são imparáveis.

O Céu é Uma Pessoa

O batismo nas águas realizado por João era conhecido por ser um batismo de arrependimento. Aquilo tornou o pedido de Jesus para ser batizado por João algo difícil de ser compreendido. Jesus não tinha pecados dos quais se arrepender. Mas o batismo de João também era parte do anúncio de que o Reino estava próximo. Quando João dizia que o Reino estava próximo, ele estava profetizando sobre o que Jesus manifestaria e liberaria.

João sabia que não era digno de batizar Jesus. Na verdade, ele confessou sua necessidade pelo batismo que Jesus traria – no Espírito Santo e no fogo (ver Mateus 3:11). Mas Jesus insistiu. Estar disposto a fazer algo que não somos qualificados para fazer é às vezes o que nos qualifica.

Jesus respondeu à objeção de João: *"Deixe assim por enquanto; convém que assim façamos, para cumprir toda a justiça"* (Mt 3:15). A justiça foi cumprida nesse ato porque aqui Jesus se tornou o servo de todos, identificado com a humanidade pecadora, e agora posicionado para anunciar que o Reino de Deus estava próximo. O anúncio trouxe a libertação, já que nada acontece no Reino antes que haja primeiro uma declaração.

Quando Jesus foi batizado nas águas, o Céu prestou atenção. Aqui está uma descrição interessante desse momento divino:

Assim que saiu da água, Jesus viu os céus se abrindo, e o Espírito descendo como pomba sobre Ele. Então veio dos céus uma voz: "Tu és o Meu Filho amado; em Ti Me agrado".

Marcos 1:10-11

Jesus viu *os céus se abrirem*. O que havia sido prometido ao longo dos séculos havia acabado de começar. Mas ninguém esperava isso: o Céu invadindo a Terra através da humildade de um homem – o Filho de Deus, o Filho do Homem.

A palavra *abrir* significa *fender, partir, dividir, rasgar*. É interessante que a mesma palavra é usada para descrever tanto o véu no templo sendo *rasgado* como as rochas sendo *partidas* na morte de Jesus, quando o Céu e a Terra tremeram como testemunhas da injustiça daquele momento – Alguém tão perfeito morrendo por aqueles que merecem a morte. *"Naquele momento, o véu do santuário **rasgou-se** em duas partes, de alto a baixo. A terra tremeu, e as rochas se **partiram**."* (Mt 27:51). Ou seja, os *céus se abrindo* no batismo de Jesus não foi uma simples separação das nuvens. Foi um ato violento primeiramente representado pela declaração de Isaías quando orou: *Ah, se **rompesses** os céus e **descesses**!* (Is 64:1). Um convite havia sido feito em nome da humanidade, e Deus respondeu pessoalmente.

Rasgar os céus foi em si um ato de graça e glória supremas, resultando em forças espirituais das trevas sofrendo sérias consequências. O Homem, Cristo Jesus, agora está vestido com o Céu, equipado para todos os Seus propósitos terrenos. E Sua capacitação era um antegosto profético do que em breve estaria disponível para todos.

Sinais Que Nos Fazem Ficar Maravilhados

O véu no templo, as rochas em Jerusalém e os céus experimentam o mesmo ato violento. Eles testemunham que o Rei com um Reino superior acaba de entrar em cena.

- *O véu* – Deus não estava mais amarrado à Antiga Aliança já que os requisitos já haviam sido preenchidos através da morte de Jesus. O véu foi rasgado de cima a baixo, pois foi Ele que fez.
- *As rochas* – os locais mais duros da Terra estavam respondendo à mudança de estações, partindo-se para significar que Jesus, o Rei da glória, era bem-vindo para reinar ali.
- *Os céus* – o príncipe dos poderes do ar não tinha nenhuma autoridade sobre Jesus, que seria protótipo de todo crente a andar na Terra depois de Sua morte, ressurreição e ascensão ao Céu.

Então, o que aconteceu quando os céus se rasgaram nesse ato tão forte? O Espírito de Deus desceu. Essa é a resposta para a oração de Isaías, resposta aos clamores dos reis e profetas que ansiavam por aquele dia. Jesus pavimentou o caminho para que Sua experiência se torne nossa experiência. O Espírito Santo, o tesouro do Céu do qual Jesus e o Pai falaram com tanta reverência, foi enviado à Terra. Procurar por outro Céu aberto é administrar incorretamente aquilo que nos foi dado.

Céus Abertos

Todo crente tem um céu aberto. Para o crente, a maioria dos céus fechados está entre as orelhas. Viver como se os céus fossem de bronze, de fato faz o jogo do diabo, pois nos coloca numa postura defensiva. Isso viola o que Jesus conquistou. Ele nos coloca no ataque com Sua comissão: *"Ide!"* Lembre-se, acreditar numa mentira fortalece o mentiroso.

Isso certamente não quer dizer que as trevas não são capazes de lançar uma grande sombra sobre uma pessoa, uma cidade, ou uma nação. Nós frequentemente nos encontramos em ambientes espiritualmente obscuros. Posso levar você a lugares em que apenas estar lá nos faria tremer, já que o reino das trevas é tão prevalente, destrutivo e dominante ali. Ainda assim, é um poder inferior, um com o qual não posso me permitir ficar impressionado. Minha atenção deve estar nas provisões e nas promessas de Cristo e no Céu aberto sobre mim. Eu creio que manter o foco nessas coisas descreve pelo menos em parte o que significa permanecer em Cristo (ver João 15:4). Além disso, deixar de se intimidar lembra ao diabo que ele está derrotado! (Ver Filipenses 1:28). Se por alguma razão você parece não saber o que fazer em certo ambiente, adore. Quando tiver dúvidas, sempre adore.

Não podemos deixar as trevas moldarem nosso entendimento da atmosfera celestial que habita sobre nós. O *tamanho* do céu aberto sobre nós é afetado em alguma medida por nossa maturidade e rendição ao Espírito Santo. Pense no Céu aberto como um grande carvalho. Quanto maior e mais estável é uma árvore, maior o número de pessoas que podem ficar debaixo de sua sombra. Crentes maduros carregam a atmosfera celestial de forma que os outros possam ficar sob a sombra deles e receber proteção. Fazendo outra analogia, os outros podem se beneficiar das nossas vitórias e serem transformados.

Viver sem estar consciente do Céu aberto sobre nós é contribuir para a guerra dos nossos corações e mentes quanto à verdade das Escrituras. Assim, sempre veremos o que não aconteceu ao invés de viver a partir do que aconteceu. Devemos isso a Deus – viver conscientes do que Ele fez e se beneficiar da realidade que Ele tornou disponível para nós. Não fazer isso nos custaria caro. Os céus foram rasgados, e não existe nenhuma força demoníaca que possa costurá-los. Além disso, o Pai anseia pelo Espírito que vive em nós. Que poder das trevas poderia bloquear a comunhão Deles? Mas quando vivemos com uma consciência primordial do inimigo e de seus planos, instintivamente vivemos em reação às trevas. Novamente, quando fazemos isso, o inimigo tem um papel em influenciar nossa agenda. E ele não é digno. Minha vida deve ser vivida de acordo com o que o Pai está fazendo. Essa é a vida que Jesus modelou para nós.

O Céu é repleto de perfeita confiança e paz, enquanto este mundo é repleto de caos e desconfiança em Deus. Nós sempre refletimos a natureza do mundo do qual estamos mais conscientes. Viver com a consciência dos céus abertos tem resultados incalculáveis.

Deus Pode Vir para Onde Ele Está?

Alguns ficam incomodados quando falamos sobre Deus entrar numa situação, Seu Espírito vir sobre nós, ou o Espírito Santo se mover numa reunião, etc. Geralmente, quando nos preparamos para ministrar, convidamos o Espírito Santo para estar presente. A questão é "Por que convidar Deus para vir se Ele já está presente?" É uma boa pergunta. Não faz sentido fazer essa oração a menos que entendamos que há diferentes medidas e dimensões da Presença de Deus. Quando Ele está aqui, sempre há mais por vir. É importante ter sede desse aumento e pedi-lo. Isaías tinha uma percepção dessa realidade ao dizer: *"eu vi o Senhor assentado num trono alto e exaltado, e a aba de Sua veste enchia o templo"* (Is 6:1). A palavra *enchia* implica que as vestes Dele enchiam o templo e depois continuavam a enchê-lo. Ele vinha, mas continuava vindo. Sempre há mais por vir!

Essa é pelo menos uma lista parcial dessas medidas de Sua Presença; cada uma é um acréscimo da anterior:

- Deus primeiramente habita em tudo e mantém todas as coisas unidas (ver Colossenses 1:17). Ele está em todos os lugares, a cola que mantém Sua criação no lugar.
- Uma segunda dimensão da Presença de Deus é Seu Espírito Santo habitando naqueles que nasceram de novo. Ele vem especificamente para nos tornar Seu tabernáculo.
- A terceira dimensão é vista quando os crentes se reúnem no nome Dele. Assim como Ele prometeu: *"ali Eu estou no meio deles"* (Mt 18:20). É aqui onde o princípio do crescimento exponencial entra em cena.
- Uma quarta medida ou dimensão ocorre quando o povo de Deus O adora, pois Ele é aquele que *"habita entre louvores de Israel"* (ver Salmos 22:3, ACF). Ele já está em nosso meio, mas escolheu manifestar-se mais poderosamente nessa atmosfera.
- Uma quinta medida é vista quando o Templo de Salomão foi dedicado a Ele: Deus veio tão profundamente que os sacerdotes não

conseguiam trabalhar (ver 1 Reis 8:10-11). Ninguém podia nem mesmo ficar de pé, menos ainda tocar instrumentos ou cantar. Ficaram completamente quebrantados naquela medida da Presença.

Mencionei esses cinco níveis apenas como princípios, numa tentativa de mostrar um panorama de como Deus anseia aumentar Sua manifestação em Seu povo. O dia de Pentecostes e o dom do batismo no Espírito Santo poderiam de fato ilustrar todos esses princípios combinados já que uma cidade inteira veio sob a influência da Presença manifesta de Deus.

Essas várias medidas da Presença estão registradas tanto na história como na Bíblia. A história da Reforma e dos avivamentos nos mostra o que está disponível. A responsabilidade pela medida da Presença de Deus que carregamos é nossa. Nós sempre temos o que desejamos de coração.

Vivendo por Uma Só Coisa

É fácil ficar tão preocupado com a visão para nossas vidas a ponto de perder inteiramente o processo. Estamos aqui para crescer na maturidade de Jesus, trazer o maior número de convertidos possível para Ele, e transformar todo lugar onde temos autoridade e influência. O que às vezes falhamos em perceber é que todas essas tarefas são impossíveis. Todas elas. Mas, estranhamente, elas são possíveis se forem o fruto de outra coisa. E isso é *algo* que de fato podemos fazer. Deixe-me explicar.

Somos chamados para ter comunhão com Deus. Nesse processo, Ele tornou possível que não apenas pudéssemos conhecê-Lo, mas que também O tivéssemos vivendo dentro de nós e repousando sobre nós. Tudo que poderíamos querer da vida flui desse único privilégio. O Rei Davi entendeu esse conceito melhor do que a maioria dos crentes do Novo Testamento. Ele se referiu a isso como *uma coisa* (ver Salmos 27:4). Tudo na vida se reduz a uma coisa – como administramos a Presença de Deus. Cuidar Dela, hospedar a Presença, é a única maneira como esses sonhos impossíveis podem ser conquistados.

O cumprimento desses sonhos, na verdade, é o subproduto de hospedá-Lo bem. Jesus afirmou esse princípio da vida quando ensinou: *"Bus-*

quem, pois, em primeiro lugar o Reino de Deus e a Sua justiça, e todas essas coisas lhes serão acrescentadas" (Mt 6:33). O Reino de Deus não é algo separado de Sua Presença. O Reino tem um Rei. Na realidade, o Reino de Deus se encontra na Presença do Espírito de Deus. *"Pois o Reino de Deus... é... no Espírito Santo"* (Rm 14:17). Esse comando de Jesus deve priorizar nossas vidas em *uma coisa* que é evidenciada ao longo do tempo pelo viver correto.

Certa vez, o Senhor me acordou à noite com Sua voz. Ele disse que vigia a vigília daqueles que O vigiam. Já faz alguns anos desde esse encontro, mas pensar naquele momento ainda me anima e ao mesmo tempo me intriga. A "vigília" representa as responsabilidades dadas por Deus. É o que um vigia faz – ele vigia sua responsabilidade para ter certeza de que as coisas estão seguras e devidamente cuidadas. Deus basicamente estava me dizendo que Ele iria vigiar a minha vigília (responsabilidades) se eu fizesse com que minha única responsabilidade fosse "vigiá-Lo". Era Seu convite para que eu permanecesse no centro de Sua Presença.

Quando conversamos sobre nossas responsabilidades na vida, muitas coisas boas vêm à nossa mente. Mas para mim, agora, isso tudo se resume a uma coisa – a Presença Dele. O que eu faço com Sua Presença? Que posição a manifesta Presença de Deus ocupa na maneira como penso e vivo? A Presença de Deus afeta a visão e o foco da minha vida? Qual é o impacto daquela *uma coisa* em meu comportamento?

O Portão para uma Cidade Transformada

No capítulo 1 de Atos, Jesus apareceu a quinhentas pessoas, dizendo-lhes que não deixassem Jerusalém até que recebessem a promessa do Pai. Os onze discípulos de Jesus que permaneceram faziam parte desse grupo. Eles já tinham recebido o Espírito Santo em João 20, mas mesmo assim foram ordenados a ficar em Jerusalém para o que o Pai havia prometido. Uma reunião de oração foi formada. Após dez dias, restaram apenas 120 pessoas.

Apesar de esse dia ser altamente respeitado em nossos corações, não tenho certeza se realmente enxergamos seu significado. No dia de Pentecostes, o Espírito Santo foi derramado. O batismo no Espírito Santo é chamado de a Promessa do Pai. O Pai, Aquele que dá somente bons presentes, nos deu esse presente. Toda a vida flui somente Dele. Ele é o orquestrador e o regente da vida e nos deu uma promessa. E é essa. É Seu presente especial. É uma promessa que nos reintroduz no propósito original da humanidade – um povo apropriado para carregar a plenitude de Deus na Terra (ver Efésios 3:19). Isso somente é possível através do batismo no Espírito Santo – um batismo de fogo!

> *De repente **veio do céu** um som, como de um vento veemente e impetuoso, e encheu toda a casa na qual estavam assentados.*
>
> *Atos 2:2, ACF*

Um barulho veio do Céu. Dois mundos se encontraram. Foi como um vento veemente e impetuoso. A palavra *veemente é phero*. Das 67 vezes que essa palavra é traduzida no Novo Testamento, apenas uma vez é traduzida como *veemente*. Nas outras vezes, tem o significado de *carregar, suportar, ou gerar*. Seria tolo sugerir que a tradução fosse modificada. Mas eu gostaria de sugerir que adicionemos o aspecto de *gerar* a nossa compreensão de seu significado. Daí, a palavra *veemente* poderia implicar que aquele foi um som, um vento violento, que *carregou* ou *gerou* algo de seu lugar de origem para o seu destino – do Céu para a Terra? Acho que sim.

Som pode ser traduzido como *rugido*. Deus chamou os mundos à existência. Sua palavra é a força criadora. *"Mediante a palavra do Senhor foram feitos os céus, e os corpos celestes, pelo sopro de Sua boca"* (Sl 33:6, ver Gênesis 1:3-24). Esse som pode ter vindo da boca de Deus liberando sobre a Terra algo que os profetas ansiavam testemunhar e do qual ansiavam participar desde o início. Adicione a isso o fato de que o Próprio Deus cavalga nas asas do vento (Sl 104:3). Vemos então que esse é um momento em que Deus, cavalgando no vento, no som, no sopro do Céu, está restaurando a humanidade ao seu propósito. Sem dúvidas, a invasão mais dramática do Céu na Terra aconteceu naquele momento. Foi *o* momento definitivo. Foi isso que o Pai prometeu.

As Ondas Que Carregam o Som do Céu

Aquele som de fato trouxe uma realidade daquele mundo a este. Aquele som celestial transformou a atmosfera da cidade de Jerusalém. Num momento, foi transformada de a cidade que crucificou Jesus para uma cidade que queria saber o que fazer para ser salva. Como isso aconteceu? Através de som – um som do Céu. O som e a luz são vibrações. E naquele dia foi a vibração do Céu que apresentou uma batida diferente a uma cidade que não tinha consciência de quem era o dono da batida para a qual marchavam. Pela primeira vez puderam enxergar.

A casa de Deus é o portão para o Céu. Lembre-se, é a casa construída na beira de dois mundos. E bem aqui vemos o efeito em seus arredores quando eles se tornam abertos para o que Deus está fazendo. Havia uma liberação literal de algo daquele mundo, *através do portão*, para este mundo aqui. E uma cidade estava posicionada para experimentar uma mudança inconcebível.

O som celestial foi ouvido e experimentado na Terra. O rugido do Céu convocou aquela cidade para o seu propósito e chamado. Naquele momento, dois mundos colidiram, e o reino inferior das trevas abriu caminho para a natureza superior do Seu Reino. Nós temos o privilégio único de carregar Sua Presença. Ao fazer isso, causamos esse tipo de conflito para que essas duas realidades, chamadas de Céu e Terra, possam dançar juntas em perfeita harmonia.

Essa ilustração é similar a outra dada no batismo de Jesus, em que era uma atividade violenta do Céu. Isso perturbou os poderes que estavam acostumados a ocupar aquele espaço. E, em Atos 2, o Espírito Santo foi liberado assim como no batismo de Jesus – dessa vez sobre Seu povo em vez de sobre Jesus. É importante notar que a violência na esfera espiritual é sempre um momento cheio de paz para o povo de Deus. É assim que o

Príncipe da Paz pode esmagar satanás debaixo de nossos pés (ver Romanos 16:20). Outra forma de dizer isso é que todo momento de paz que experimentamos causa terror aos poderes das trevas. Somente no Reino de Deus a paz é uma ferramenta militar.

Uma Cidade Restaurada

Quando aquele som misterioso foi ouvido no Dia de Pentecostes, milhares de pessoas começaram a se reunir aos cento e vinte no cenáculo. Eram nove horas da manhã. As pessoas ainda estavam se preparando para o dia, mas largaram tudo. Os homens deixaram suas ferramentas, e as mulheres fizeram com que seus filhos deixassem seus brinquedos. Um som encheu o ar que também encheu seus corações. Imagine uma mudança atmosférica sobre uma cidade inteira.

Essa era a cidade que se levantou para crucificar Jesus. Sua Presença entre eles era a única coisa boa que possuíam, e eles a destruíram ao responder ao espírito de assassinato, a única coisa da qual pessoas civilizadas têm orgulho de resistir. No entanto, o que saiu do coração de Deus, o som que foi liberado daquele Céu aberto, explodiu sobre toda a cidade. Ninguém sabe por que a multidão se reuniu em frente ao cenáculo. Nenhum folheto nem instruções haviam sido distribuídos. Nenhum anúncio havia sido feito. Mas sobre eles foi liberado um som que clareou o ar pela primeira vez em suas vidas. Seus pensamentos estavam claros. Eles podiam raciocinar. Eles sentiram o propósito divino. Parecia como se Deus estivesse convocando as pessoas. E foi exatamente o que aconteceu.

Quando era jovem, sempre pensei que as pessoas se reuniram porque os cento e vinte estavam falando em línguas, falando nos idiomas dos povos ali presentes. Mas isso não faz sentido, principalmente para uma cidade internacional onde é comum haver visitantes estrangeiros. Eles se reuniram por um som, um som indistinguível, que alcançava o profundo do coração das pessoas. Sem um ato de Deus, seria quase impossível fazer com que as pessoas deixassem seus afazeres, suas casas, seus negócios, para se reunirem sem nenhuma razão conhecida. Aquele som chamava algo profundo no coração daquela cidade, chamava-a para ser restaurada em seu propósito original. Ela deveria ser conhecida como a cidade da Presença de Deus. O Rei Davi fez essa dedicação anos antes no tabernáculo que construiu naquela cidade, tabernáculo este dedicado a 24 horas diárias de adoração.

Para ilustrar a natureza desse som, gosto de compará-lo a um som de um instrumento musical. Um músico talentoso pode produzir um som quase mágico de um saxofone ao soprar habilidosamente através da palheta devidamente colocada na boquilha do instrumento. Da mesma forma, considere o sopro de Deus nos corações de cento e vinte pessoas liberando um som sobre uma cidade que mudou sua atmosfera. Quando mudamos uma atmosfera, mudamos um destino. Isso foi o que as pessoas ouviram. Um som *harmônico* que desceu porque cento e vinte pessoas estavam reunidas em *unidade*, não apenas umas com as outras, mas com o Espírito do Cristo ressurreto. Esse foi o som ouvido há mais de 2 mil anos. Esse foi o som que anunciou a rendição de 3 mil pessoas num só dia. Uma energia foi criada através daquele Céu aberto que fazia com que pessoas fossem *acrescentadas* diariamente (ver Atos 2:47). Isso continuou até que o Céu se abriu mais ainda e as pessoas passaram de *acrescentadas* para *multiplicadas* (ver Atos 9:31).

Uma Vez Covarde, Nem Sempre Um Covarde

Quando Pedro viu as multidões se reunirem, ele sentiu um desejo incontrolável de pregar. Esse homem, que havia sido um covarde poucos dias antes quando questionado por uma criada (ver Marcos 14:69), agora se apresenta heroicamente diante de milhares para proclamar as boas novas. Lembre-se, não era só o fato de ele ter que testemunhar para uma grande multidão. Era para uma multidão que agora zombava do que viam, uma vez que foram atraídos àquele lugar. Esse sermão veio no meio das mais incomuns manifestações do povo escolhido de Deus. A multidão pensou que aquelas cento e vinte pessoas estavam bêbadas. Mas, frequentemente, o que pensamos que pode afastar o mundo do Evangelho na verdade o atrai. Apenas afasta aqueles que receberam ensinamentos contrários. (Muitos acham que a reputação de Deus é de alguma forma protegida quando nossa dignidade é preservada. Mesmo assim, Deus constantemente nos pede para abrir mão de nossos direitos – até mesmo o da dignidade). A coragem nasceu no coração de Pedro, e ele compreendeu tudo aquilo e entregou a mensagem perfeita para aquele momento. Covardes estão a apenas *um toque de Deus* de se tornarem pregadores corajosos com grande poder.

O que devemos fazer para sermos salvos? (Ver Atos 2:37) Essa é uma reação surpreendente vinda das pessoas que crucificaram Jesus poucas semanas antes. Foi por causa do sermão de Pedro? Apesar de eu não querer diminuir seu momento de profunda coragem, Pedro pregou sob um Céu aberto. Essa atmosfera carregou o som do Céu e transformou a mentalidade de uma cidade inteira num momento. Sua mensagem foi breve, mas cheia de poder, e trouxe entendimento para que a zombaria nervosa tivesse fim e as questões reais do coração pudessem ser vistas. Nessa única mensagem, 3 mil pessoas foram salvas. Isso se tornou o pior pesadelo possível do diabo. De repente, as coisas progrediram da unção/Céu aberto que existia sobre um Homem, Jesus, para a unção/Céu aberto sobre cento e vinte pessoas que agora ganharam mais 3 mil novos crentes. O potencial desse movimento é ilimitado, até que toda a Terra seja cheia de Sua glória! E essa é a intenção de Deus através daqueles que O hospedam bem, enquanto se rendem ao maravilhoso Espírito Santo.

Tem a Ver Com o Quê?

Eu tenho um histórico pentecostal pelo qual sou muito grato. Meus antepassados pagaram um alto preço por pregar e defender que o batismo no Espírito Santo e o falar em línguas são também para os dias de hoje. Eu devo a eles isso – não fazer nada que apague suas conquistas, mas acrescentar tudo que eu puder. Dito isso, tenho visto que muitos têm chegado a conclusões erradas sobre esse batismo no Espírito Santo. Não tem a ver com línguas (o que eu creio que é importante e disponível para *todos*).

Tem a ver com o *poder*. E não é somente poder para milagres. É para que a atmosfera do Céu carregada de poder possa repousar sobre uma pessoa, o que força uma mudança na atmosfera de um lar, de um negócio, ou de uma cidade. Esse batismo é para nos tornar testemunhas vivas e exemplos da ressurreição de Jesus – a amostra derradeira do poder do Céu. O Espírito do Cristo ressurreto é o que encheu o ar no dia de Pentecostes.

A Longa Reunião de Oração

Apenas posso imaginar que, após dez dias orando juntos, eles estavam cansados de orar e devem ter esgotado todo assunto pensável sobre o que podiam orar. De repente, o amor deles por Jesus foi levado a um nível que nunca haviam conhecido ou experimentado antes. Seus espíritos se tornaram capacitados pelo Espírito Santo naquele momento *repentino*. Eles estavam vivos, realmente vivos pela primeira vez em suas vidas. Eles falavam de coisas que não compreendiam. Dois mundos colidiram. E o entendimento de Deus que existe nessa esfera celestial influenciou de fato a língua daquelas cento e vinte pessoas aqui na Terra. Elas falavam dos caminhos misteriosos e das obras poderosas de Deus.

Esse batismo é comparado ao *vinho* e não à *água*. A água refresca, enquanto o vinho influencia. Quando Deus chama um batismo de *batismo com fogo*, obviamente não é um batismo meramente refrescante. O Céu veio para influenciar a Terra nesse batismo. Mas quando aquele vento forte e veloz veio, e a língua do Céu foi derramada dos lábios daquelas pessoas, elas também foram refrescadas pelo que as influenciou. Paulo mais tarde aponta que orar em línguas nos edifica. Não há dúvida de que isso aconteceu com aquele grupo. Para completar, eles estavam falando de algo tão gratificante, tão preciso e poderoso, que era como experimentar um dia completamente novo. E eles estavam experimentando um novo dia. Essa língua celestial veio como uma erupção dos seus corações. Mas pela primeira vez em suas vidas, e na verdade em toda a História, eles disseram o que, de uma maneira ou de outra, precisava ser dito perfeitamente sem falhas nem faltas.

O Espírito de Deus falava através deles com entendimento brilhante de quem Ele estava exaltando. O louvor deles vinha diretamente do Espírito de Deus, através de seus lábios rendidos, para o Próprio Deus. Nesse exemplo, o intelecto humano foi ultrapassado. Eles falavam das *maravilhas de Deus*" (At 2:11). Dessa vez, era uma língua de louvor, e não uma língua de oração. Imagine o privilégio de falar dos grandes mistérios da natureza de Deus para uma cidade que O havia rejeitado. Foi, no mínimo, inebriante. A intenção do Senhor é que esse batismo de fogo incendeie todo coração. Isso seria mais bem expresso por um povo que fosse guiado pela Presença, e não guiado pelo ministério. Não tem a ver com o que eu posso conquistar por Deus, tem a ver com quem vai comigo e também com eu fazendo tudo o que posso para proteger esse relacionamento valioso.

Quando o Mais Gera Mais

Alguns anos após esse grande derramamento do Espírito, as coisas ainda iam bem. Aliás, os números estavam aumentando diariamente, e os milagres sacudiam a cidade inteira. Pedro e João liberaram um milagre para um homem aleijado que pareceu deixar todo mundo perplexo (ver Atos 3:1-10). Acreditava-se que eles tinham muita coragem. Como consequência, foram presos, interrogados, perseguidos e finalmente soltos. Após serem soltos, foram a uma reunião de oração e oraram por mais ousadia.

> *Agora, Senhor, considera as ameaças deles e capacita os Teus servos para anunciarem a Tua palavra corajosamente. Estende a Tua mão para curar e realizar sinais e maravilhas por meio do nome do Teu santo servo Jesus.*
>
> *Atos 4:29-30*

E o Espírito de Deus veio novamente. Nós sempre precisamos de mais. Muitos que falam em línguas pensam que são cheios do Espírito Santo. Ser cheio do Espírito Santo não é evidenciado pela fala em línguas; é evidenciado por estar cheio. Como sabemos que um copo está completamente cheio? Quando transborda. Pedro, no dia de Pentecostes, estava cheio do Espírito Santo. Em Atos 4, Pedro se junta a muitos outros numa reunião de oração. A expressão surpreendente deles era a de clamar por mais. Pedro orou por mais. Ele não orou por alívio no meio da perseguição, mas por mais coragem, aquela expressão que às vezes ofende, para que pudesse ir mais profundo nos reinos das trevas e resgatar mais vítimas. E a Bíblia diz:

> *Depois de orarem, tremeu o lugar em que estavam reunidos; todos ficaram cheios do Espírito Santo e anunciavam corajosamente a palavra de Deus.*
>
> Atos 4:31

Em Atos 2, Pedro está cheio. Em Atos 4, ele precisa ser reabastecido. Por quê? Se estamos fazendo isso certo, precisamos ser reabastecidos frequentemente. Existe um batismo. Mas devemos viver de forma que doemos tudo o que recebemos, enquanto nossa capacidade por Ele aumenta. Quando vivemos cheios do Espírito Santo, experimentando o transbordar, apenas mais Dele será suficiente. Precisar ser reabastecido não é um sinal de que algo está errado. Dependência contínua de *mais* é uma coisa boa.

O Propósito do Derramamento

É muito fácil supor que o batismo no Espírito Santo tem a principal função de nos tornar mais eficazes no ministério. Isso nos torna *superiores* no sentido de que nos tornamos *profissionais* em áreas da vida que foram realmente reservadas para os *apaixonados*. Meu amigo Bob Kilpatrick chamaria essa abordagem de *lei* ao invés de *arte*.[6] Existem partes de nossa caminhada com Cristo que nunca deveriam ser reduzidas a uma lista de metas e conquistas. Ao invés, esse privilégio inimaginável de carregar Sua Presença nunca deveria me reduzir a um operário de Deus. A decisão de ser um servo ou um amigo ainda é escolhida por pessoas ao nosso redor todos os dias. Apesar de servi-Lo completamente ser um dos meus maiores privilégios, meu trabalho é o subproduto do meu amor. Esse batismo nos leva à intimidade no nível mais alto possível.

O coração de Deus neste assunto é visto claramente na seguinte profecia de Ezequiel: *"Não mais esconderei deles **o rosto**, pois derramarei o **Meu Espírito**... "* (Ez 39:29). No derramamento do Espírito Santo está a revelação da face de Deus. Não há nada maior. *"Na luz do semblante do rei está a vida; e o seu favor é como nuvem de chuva serôdia"* (Pv 16:15, AA). Chuva é uma metáfora bíblica para o mover do Espírito Santo, por isso o termo *derramamento*. Esse versículo também relaciona a face de Deus, Seu favor, com o derramamento de Seu Espírito.[7]

A revelação da face de Deus através do derramamento do Espírito está disponível para todos. O derramamento em Atos 2 foi o início. O derramamento do Espírito é o cumprimento da busca pela face de Deus. Isso significa que no avivamento nunca podemos deixar de ver a face Dele. A única direção a seguir é clamar por uma porção maior de Sua Presença no derramamento. O salmo 80 relaciona o favor de Sua face com a obra de Suas mãos. O justo que busca Sua face em intimidade é aquele que pode ser usado para fazer grandes coisas. Os heróis da fé se tornaram homens e mulheres *"da Tua* [de Deus] *destra"* (v. 17, ACF). Deus os vestia como uma luva e os usava para mostrar Seus sinais e maravilhas. Nós devemos ser aqueles que enxergam o que está disponível e lutam por uma porção maior de Seu favor sobre nós.

Moisés experimentou a Presença transformadora diante de sua própria face. Ela foi o resultado de seu encontro face a face com Deus. O derramamento nos leva à face Dele novamente. E, acredite ou não, a experiência de Moisés nem pode ser comparada à nossa. *"Não será o ministério do Espírito ainda muito mais glorioso?"* (2 Co 3:8). Então, quando priorizamos hospedar Sua Presença, aprendemos a liberar Sua face de favor na Terra. Isso é o que pessoas de grande favor fazem.

7

O Protótipo Supremo

Mais ou menos 10 anos após o dia de Pentecostes, a Igreja estava experimentando as dores do crescimento novamente. Isso havia acontecido pelo menos uma vez antes em Atos 6, quando algumas viúvas não estavam tendo suas necessidades básicas supridas. Tornou-se aparente que para cuidar das pessoas corretamente, eles precisavam de outras que pudessem doar-se ao serviço prático enquanto os apóstolos se dedicavam à oração e ao estudo das Escrituras. A nova equipe de servos foi chamada de *diáconos*. Mas agora havia um problema muito maior. Os gentios estavam sendo salvos em grandes números e estavam afetando a cultura e a natureza daquele novo organismo chamado Igreja. Alguns poderiam até dizer que agora o rabo estava abanando o cachorro.

Levou um bom tempo para que os gentios se tornassem uma verdadeira ênfase para igreja dos judeus. Na verdade, eles estavam bem felizes com a vida juntos em Jerusalém, pelo menos até vir a perseguição. (Mesmo céus abertos não garantem que não haverá oposição. Desde que haja pessoas fazendo aliança com o diabo, haverá níveis de oposição ao povo de Deus). A igreja então se propagou pelo mundo conhecido enquanto os apóstolos ficaram para trás. Duas coisas aconteceram. Uma foi que pessoas que não haviam sido preparadas para serem líderes se encontraram num lugar onde liderança era necessária.

Às vezes, não sabemos o que temos em nós até que somos chamados para servir. Eles mergulharam numa grande unção e descobriram rapidamente o que possuíam. As pessoas eram salvas em números significativos. Então, começaram a dar atenção à comissão dada a eles cerca de 10 anos antes pelo Próprio Jesus. *"Vão e façam discípulos de todas as nações..."* (Mt 28:19). E então:

Receberão poder quando o Espírito Santo descer sobre vocês, e serão Minhas testemunhas em Jerusalém, em toda a Judeia e Samaria, e até os confins da Terra.

Atos 1:8

O movimento fora de Jerusalém estava crescendo tão rapidamente que eles pediram ajuda de seus líderes espirituais, os apóstolos. E eles enviaram a ajuda necessária, tanto na esfera de milagres quanto no papel da liderança. Parece que a mudança no foco foi quase por acidente. Foi aí que a igreja começou a ter problemas com os crentes gentios.

Quem Sentou no Meu Banco?

Já vi isso acontecer nos nossos dias. Os membros da igreja ficam bem confortáveis, e então chega o avivamento. Aqueles que o rejeitam obviamente não o chamam de mover de Deus. Mas sempre há um grande influxo de novas pessoas que não têm "pago as contas de luz" durante os últimos anos e que vêm à igreja animadas pensando na razão por que aquelas outras sentam ali. Quando juntamos à mistura um grande número de convertidos, as coisas ficam bastante agitadas. Novos crentes são conhecidos por trazer vários tipos de assuntos à tona. Meu tio costumava dizer "toda casa precisa de uma criança de dois anos de idade". Ele estava falando naturalmente, mas o mesmo é verdade espiritualmente. As prioridades são refinadas automaticamente quando há crianças em nossa volta. Chuck Smith, da *Calvary Chapel*, em Costa Mesa, fez uma grande escolha ao confrontar esse problema no início do *Jesus People Movement*. Os membros estavam preocupados com seu tapete ser sujado pelos hippies descalços. O pastor Chuck disse a eles que então tiraria o tapete. Prioridades. Simples, mas profundo.

É claro que quando precisamos justificar uma crítica temos que encontrar um termo espiritual para torná-la aceitável. Santidade ou discernimento frequentemente são usados nessas ocasiões. Fico impressionado com quantas pessoas, que por anos oraram por avivamento, deixam uma igreja quando ele acontece. Grandes moveres de Deus perturbam todas as coisas. Nada permanece intocado. Como pescadores de homens, nosso trabalho é pegá-los e deixar que Deus os limpe.

Os apóstolos tinham muitas preocupações. A maioria delas lidava com assuntos sobre santidade, que é uma questão muito legítima. Eles tinham que decidir o que realmente era a salvação pela graça. Aqueles novos crentes estavam desafiando as coisas que nunca haviam sido questionadas pelos crentes judeus. Quando adicionamos à mistura o fato de que existiam aqueles que eram fortemente apegados à forma antiga de fazer as coisas, como na Lei de Moisés, havia uma incerteza real sobre tudo isso. Tenho certeza de que cada apóstolo tinha suas convicções sobre como as coisas deveriam ser.

Não há dúvidas do comprometimento deles com a salvação pela graça de Deus. Porém, há também forte evidência de que eles não pensavam da mesma forma e, mais importante, não queriam apresentar múltiplos padrões enquanto continuavam a evangelizar com sucesso o mundo conhecido. Eles tinham que tomar algumas decisões.

O Primeiro Daquele Tipo

A primeira conferência dos líderes foi convocada para esse grupo elite de apóstolos. Eles se reuniram em Jerusalém, a sede escolhida por Deus para a Igreja. Eles abordaram os assuntos apresentados, mas a forma como chegaram a uma conclusão é fascinante. Eles compartilharam testemunhos. Cada um tinha histórias para contar sobre o derramamento de Deus sobre os gentios. Ao ouvirem as histórias, começaram a reconhecer um tema: Deus derramava Seu Espírito sobre os gentios antes que eles tivessem conhecimento suficiente para se familiarizarem com as tradições judaicas. Aliás, Ele parecia mover entre os gentios sem se importar muito com sua prontidão para um derramamento autêntico do Espírito Santo.

O que me toca nessa parte da história é que eles de fato desenvolveram sua teologia baseados no que viam Deus fazer. Eles não abordaram o assunto a partir de um estudo exegético dos sermões de Jesus para descobrir o que fazer. Esse tipo de estudo é nobre e bom, mas geralmente precisamos do mover de Deus para ter discernimento sobre o que está acontecendo. Eu nunca vi ninguém estudando para chegar a um avivamento.

Hoje, percebo que isso parece ser como pisar num terreno perigoso para muitos, mas para mim o risco vale a pena. Por que você acha que um novo mover de Deus quase sempre começa com pessoas que não sabem o que estão fazendo? Pelo menos em parte, limitamos Deus ao nosso entendimento sobre como Ele mesmo move, enquanto oramos para que Ele faça algo novo entre nós. Se não continuarmos sendo como os novatos, o que sabemos pode nos afastar do que precisamos saber. Quando nos tornamos peritos, escolhemos o nível da nossa maturidade. Deus ainda requer que os avanços primários do Reino sejam feitos através de nos tornarmos como crianças.

Posso Ter uma Testemunha?

Tiago, o apóstolo de Jerusalém, trouxe ao tempo de testemunhos uma conclusão bíblica. Ele disse: *"Concordam com isso as palavras dos profetas"* (At 15:15). O que ele compartilhou no instante seguinte possivelmente era novo para ele, já que não há registro de essa revelação ter sido comum antes disso. Parece que Deus deixou cair Sua Escritura no coração de Tiago enquanto todos conversavam. Ou seja, Deus deu aquela palavra a Tiago a fim de sustentar a legitimidade das histórias que estavam sendo contadas. Sustentação bíblica é algo vital. Porém, duvido de que já houve um mover de Deus em que tudo que aconteceu foi precedido por revelação – de que entendiam tudo antes de acontecer. Experiência gera entendimento. *Entendimento completo primeiro* parece violar a questão da confiança que é profundamente valorizada no coração que Deus tem pelo Seu povo. De qualquer maneira, Tiago recebeu uma palavra de Deus para providenciar a sustentação bíblica necessária:

Aqui está o relato:

> *Quando terminaram de falar, Tiago tomou a palavra e disse: "Irmãos, ouçam-me. Simão nos expôs como **Deus, no princípio, voltou-se para os gentios** a fim de reunir dentre as nações **um povo para o Seu nome**. Concordam com isso as palavras dos profetas, conforme está escrito: 'Depois disso voltarei e reconstruirei a **tenda** caída **de Davi**. Reedificarei as suas ruínas, e a restaurarei, **para que o restante dos homens busque o Senhor**, e todos os gentios sobre os quais tem sido invocado o Meu nome', diz o Senhor, que faz estas coisas conhecidas desde os tempos antigos. Portanto, julgo que não devemos pôr dificuldades aos gentios que estão se convertendo a Deus. Pelo contrário, devemos escrever a eles, dizendo-lhes que se abstenham de comida contaminada pelos ídolos, da imoralidade sexual, da carne de animais estrangulados e do sangue.*
>
> Atos 15:13-20

Lembre-se, o problema tinha tudo a ver com os gentios. Os apóstolos sabiam que eles podiam ser salvos, mas não tinham certeza do quanto a religião e as tradições judaicas eram importantes para esses novos crentes.

Observe que em Atos 15 encontramos a menção sobre o Tabernáculo de Davi. Essa é a história do Antigo Testamento que, mais do que qualquer outra, oferece maior base para o tema da vida cristã (ver 2 Samuel 6 e 1 Crônicas 15). É uma história sobre coração, presença, adoração extravagante e propósito incomum entre as nações. Até mesmo a graça ocupa um papel central nessa história.

O Tabernáculo de Davi se tornou o pano de fundo para a vida como a conhecemos hoje na Igreja do Novo Testamento. Tinha a ver com o Rei Davi, que era como um sacerdote, e é inclusive chamado de profeta em Atos 2. Para mim, Davi é o maior exemplo de vida debaixo da graça no Antigo Testamento. Rei, sacerdote e profeta – uma ilustração completa do Cristo que estava por vir. Além disso, também retratava o futuro crente do Novo Testamento.

O Tabernáculo de Davi existiu por cerca de 40 anos. Era uma aproximação a Deus completamente nova – os sacerdotes O adoravam 24 horas por dia, 7 dias por semana, sem sacrifício de sangue.

A Casa de Deus à Moda do Antigo Testamento

Houve algumas casas de Deus no Antigo Testamento.

A primeira foi em Gênesis 28, na história de Jacó encontrando Deus ao lado da montanha. Era chamada *Betel*, que significa a casa de Deus. É relatada no capítulo 1 desse livro. Na verdade, não havia nenhum edifício ou construção. Deus estava ali e era isso que tornava aquele lugar a Sua casa.

O *Tabernáculo de Moisés* nos mostrava uma figura de Jesus. Cada peça de mobília falava algo sobre a vinda do Messias. Ele foi construído de acordo com os detalhes específicos que Deus deu a Moisés na montanha num encontro face a face.

O *Templo de Salomão* era mais glorioso e mais bonito do que qualquer outra construção já feita na Terra. Foi o maior empenho da humanidade para dar a Deus uma moradia que Lhe fosse digna. Foi construído de acordo com planos muito precisos, representando a presença permanente de Deus.

O *Templo Restaurado de Salomão* foi construído duas vezes maior que o original. Quando Deus restaura, Ele realiza algo maior do que o de antes. Não possuía a beleza do primeiro templo. Aqueles que haviam visto a glória do primeiro lamentavam-se ao ver o restaurado. Aqueles que não haviam visto o primeiro alegravam-se ao ver o novo templo.

O *Tabernáculo de Davi* foi construído para adoração. Nenhuma descrição dos materiais utilizados foi mencionada e nunca se soube informações sobre seu tamanho. A Arca da Aliança estava lá. A presença de Deus repousava sobre ela. Os sacerdotes adoravam 24 horas por dia – diferentes turnos eram realizados para que isso pudesse ser feito continuamente. Dois fatores que se destacam são que Deus estava lá em Sua glória e que os sacerdotes ministravam a Ele sem parar.[8]

Quem Somos Nós

O profeta Amós profetizou sobre um tempo em que o tabernáculo de Davi seria reconstruído.

Naquele dia tornarei a levantar o tabernáculo de Davi, que está caído, e repararei as suas brechas, e tornarei a levantar as suas ruínas, e as reedificarei como nos dias antigos; para que eles possuam o resto de Edom, e todas as nações que são chamadas pelo Meu nome, diz o Senhor, que faz estas coisas.

Amós 9:11-12, AA

Ele identifica a reconstrução do tabernáculo de Davi como aquele que dá o fruto que Ele deseja – conquistar *o resto de Edom e todas as nações que são chamados pelo Seu nome*. O projeto de restauração daria um fruto específico – os gentios iriam entrar no Reino.

Tiago identifica a árvore pelos seus frutos. Ou seja, ele notou que os gentios eram trazidos como os profetas disseram (o fruto), o que permitiu que ele identificasse a obra que Deus estava fazendo na Terra. A obra de Deus era a restauração do Tabernáculo de Davi, que é a árvore nessa metáfora. É essa obra específica de Deus que produzia o fruto. Mais especificamente, a Igreja é a casa que abriga um sacerdócio – uma comunidade adoradora que oferece sacrifícios espirituais a Deus.

Vocês também estão sendo utilizados como pedras vivas na edificação de uma casa espiritual para serem sacerdócio santo, oferecendo sacrifícios espirituais aceitáveis a Deus, por meio de Jesus Cristo.

1 Pedro 2:5

Esse sacerdócio de adoradores é o projeto de restauração de Deus. A Igreja adoradora acarretou um céu aberto pelo qual os gentios podiam enxergar e compreender a verdade pela primeira vez. A adoração limpava as ondas de transmissão, assim como aconteceu em Jerusalém em Atos 2.

Eu amo a maneira como Tiago traduz o verso 12. Amós disse: *"para que eles possuam o resto de Edom, e todas as nações que são chamadas pelo Meu nome"* (Am 9:12, ARIB). Mas Tiago disse, citando a passagem de Amós: *"para que o restante dos homens busque o Senhor, e todos os gentios sobre os quais tem sido invocado o Meu nome"* (At 15:17). Ele faz uma interpretação no contexto do Novo Testamento. (Jesus fez o mesmo com Salmos 8:2, ACF. Ele trocou *ordenaste força* por *tiraste perfeito louvor* em Mateus 21:16, ACF). Edom, na declaração original de Amós, é a terra de Esaú. Esaú vendeu sua primogenitura e se tornou o exemplo bíblico do restante da humanidade que não possuía o direito natural a uma herança. No entanto, por causa da graça, nós somos inseridos no plano de Deus para o Seu povo.

O ponto central dessa profecia é que saberemos quando Deus estará restaurando o Tabernáculo de Davi, porque será anunciado pelos gentios ao virem à fé em Jesus.

Construindo o Quê?

Então o que está sendo reconstruído? A Igreja, com sua exclusiva unção davídica da Presença, é o cumprimento dessa profecia de Amós. Nós somos a comunidade de adoradores cujo foco principal é ministrar ao Próprio Deus. Porém, a importância disso para esse livro consiste nesse único fato – apenas sacerdotes podiam carregar a Presença de Deus. Deus é bastante insistente nesse requisito.

Para ver o que Deus está reconstruindo e como isso nos afeta nessa prioridade única, devemos aprender primeiro sobre o projeto original. A paixão de Davi prepara o caminho.

Boas Intenções Podem Matar

Saul foi rei antes de Davi. Como o rei Saul tinha pouca consideração pela Presença de Deus (a Arca da Aliança), Davi se tornou o rei de Judá e depois de Israel. Ele tinha familiaridade com a Presença de Deus desde a época em que vivia no meio do deserto cuidando das ovelhas de seu pai. Ele era um adorador. Em seus momentos a sós com Deus, ele sem dúvida aprendeu sobre o desejo de Deus por corações rendidos ao invés do sangue de touros e cabras. Algumas das melhores lições de Deus não podem ser aprendidas numa aula, mas apenas ao longo de uma jornada.

Davi imediatamente fez o necessário para trazer a Arca para Jerusalém e a colocou na tenda que havia montado para esse propósito (ver 2 Samuel 6:17). Era a prioridade número um de Davi. Não havia nada que chegasse perto da prioridade de Davi de ter a Presença de Deus junto dele e de Israel. A história é emocionante, intrigante e fatal.

A nação de Israel se preparou para aquele dia. Reuniu-se nas ruas para testemunhar a cerimônia de adoração orquestrada para receber a presença de Deus na cidade de Davi, Jerusalém. Aqueles que sabiam tocar instrumentos os trouxeram em celebração de sacrifício para honrar a Deus enquanto Ele chegava. O melhor carro de boi foi obtido para o evento. Os sacerdotes tomaram suas posições enquanto recebiam o Santo Deus. Porém, um dos bois tropeçou e quase derrubou o carro que carregava a arca. Uzá esticou o braço para segurar a Arca devido à sua preocupação com a Presença. A ira do Senhor se acendeu contra ele por sua irreverência. Deus o matou. Sua Presença não pode ser tocada pelas mãos do homem. Essa história sozinha deveria sossegar os corações e as mentes daqueles que tenderiam a usar a unção para benefício próprio. Deus não será controlado pelo homem.

Davi deixou a Arca na casa de Obede-Edom. Ele e todos em sua família foram abençoados por causa da Presença (ver 2 Samuel 6:11).

Quando Tiver Dúvidas, Leia as Instruções

Dizer que Davi ficou com medo é um grande eufemismo. Ele estava certo de que era a coisa certa a ser feita. Sua sede de Deus era sincera e legítima. Mas a sinceridade sozinha não salva ninguém. Beber estricnina pensando que é suco não a torna menos venenosa.

Quando Davi ouviu que a casa de Obede-Edom estava prosperando, ele se tornou mais diligente para descobrir o que havia dado errado no dia em que Uzá morreu. Ele aparentemente recorreu às Escrituras para ter discernimento. [Não é errado ser motivado pela bênção. Até mesmo Jesus suportou a Cruz por causa da alegria diante Dele (ver Hebreus 12:2). A recompensa é uma grande parte da nossa consciência do Reino]. Davi descobriu que apenas os sacerdotes podiam carregar a Presença de Deus (ver 1 Crônicas 15:2). Eternamente. Eu amo quando encontro um mandamento ou uma promessa que tem a palavra *eternamente*. Isso automaticamente significa que há um princípio envolvido que passará para essa vida sob a graça assim como em nossa existência celestial. Esse é o caso desse versículo. Apenas os sacerdotes podem carregar Sua presença. Ponto.

Deus não andará em carros de bois, mesmo se os filisteus fugirem com a arca (ver 1 Samuel 4-6). A presença de Deus não repousará sobre nada que construímos. Ele repousa sobre nós. Eu creio que isso se aplica a organizações, edifícios, etc. As pessoas frequentemente olham para as instituições que têm sido criadas para facilitar grandes ministérios. Mas não importa quão grande é a organização, os estatutos, ou a reputação, Deus não habita nessas coisas. Ele habita nas pessoas. Pessoas rendidas a Ele têm o privilégio de carregar (hospedar) o Senhor nas situações da vida.

Novas Tentativas

Davi anunciou o novo plano para receber a presença de Deus em sua cidade. O povo estava pronto. Os sacerdotes estavam prontos. Os músicos sacerdotais ensaiaram para aquele dia. Os responsáveis por carregar a arca da Sua Presença provavelmente pensavam sobre o temeroso privilégio emocionante envolvido em seu trabalho. Afinal, o último a chegar perto da Arca havia morrido. Mas dessa vez eles conheciam a vontade de Deus revelada em Sua Escritura para apoiar o processo.

Essa história é uma das maiores da Bíblia. Deveria ser conhecida de cabo a rabo por todos os crentes, já que é a chave para cumprirmos claramente nosso papel nos dias de hoje.[9] É a nossa história, antes do tempo.

O dia chegou. O Rei Davi se despiu de suas vestes reais e vestiu uma túnica sacerdotal, basicamente a roupa de baixo dos sacerdotes. Essa não era uma roupa em que um rei normalmente seria visto, mas Davi não era um rei normal. Ele seria conhecido como o homem segundo o coração de Deus – o homem da Presença de Deus. Após seis passos, eles pararam e sacrificaram um boi ao Senhor. Depois Davi dançou diante da Arca com toda a sua força

Essa deve ter sido uma visão terrivelmente bela. Todo o povo de Israel estava reunido nas ruas, alegrando-se na real Presença de Deus. Os músicos tocavam com muita habilidade. Conforme o possível, toda a nação compareceu ao evento. O esplendor, a suntuosidade e a mera magnitude devem ter sido incríveis. Todos ali presentes foram impactados por essa *experiência inigualável.*

Vale a pena notar que a Arca da Aliança (a Presença de Deus) seguiu Davi a Jerusalém. Aonde Davi ia dançando, Deus o seguia. Ele responde às nossas ofertas. Nessa história, é uma oferta de agradecimento e louvor expressa através da dança. Muitos respondem a Deus uma vez que Sua Presença esteja manifesta, mas outros respondem antes que Ele venha. Esses são os que anunciam a Presença do Rei da Glória. Outra maneira de olhar para isso é que Deus se manifestava onde quer que Davi dançasse sem inibições. Podemos nos surpreender ao descobrir o que O atrai.

Está Faltando Alguém

Havia uma falta notável. Mical, a filha de Saul, viu o evento da janela do palácio. Adoração extrema sempre parece ser extrema tolice para aqueles que se mantêm distantes. Algumas coisas somente podem ser entendidas do lado de dentro. Esse é o caso da adoração autêntica.

Mical estava pasma com a falta de preocupação de Davi com o que as pessoas achariam de sua paixão, de seus trajes humildes e de sua completa falta de decoro público. Ao invés de cumprimentá-lo com honra, ela tentou envergonhá-lo.

> *Voltando Davi para casa para abençoar sua família, Mical, filha de Saul, saiu ao seu encontro e lhe disse: "Como o rei de Israel se destacou hoje, tirando o manto na frente das escravas de seus servos, como um homem vulgar!"*
>
> 2 Samuel 6:20

A resposta de Davi foi bastante ousada em vários sentidos.

> *Mas Davi disse a Mical: "Foi perante o Senhor que eu dancei, perante Aquele que me escolheu em lugar de seu pai ou de qualquer outro da família dele, quando me designou soberano sobre o povo do Senhor, sobre Israel; perante o Senhor celebrarei e me rebaixarei ainda mais, e me humilharei aos meus próprios olhos. Mas serei honrado por essas escravas que você mencionou".*
>
> 2 Samuel 6:21-22

Davi deixou claro que Deus o havia escolhido acima do pai dela. Foi um comentário no mínimo mordaz. A desconsideração dela pela Presença de Deus revelou que ela carregava parte da mesma *falta de valor* que seu pai Saul dava à Presença de Deus durante o reinado dele. Nunca deveríamos abafar nossa ênfase na Presença de Deus para acomodar as "Micais" que temos dentro de casa. Davi continuou sua resposta dizendo que ela basicamente ainda não tinha visto nada. Em outras palavras, se aquilo a tinha envergonhado, ela ficaria ainda mais envergonhada no futuro. Davi estava apenas se aquecendo. Tragicamente, *"até o dia de sua morte, Mical, filha de Saul, jamais teve filhos"* (2 Sm 6:23).

Sempre que alguém despreza uma adoração extravagante, elas se colocam numa posição extremamente perigosa. Esterilidade é o resultado natural de desprezar adoração. Ao fazer isso, as pessoas rejeitam a razão por que estão vivas. Esterilidade e a falta de adoração andam de mãos dadas. Essa cena aconteceu novamente durante o ministério de Jesus. Foi quando o unguento caro foi derramado sobre Ele. Todos os discípulos ficaram indignados (ver Mateus 26:8). O diabo na verdade não se importa com adoração inofensiva. A adoração extrema expõe a religião em todo o mundo.[10]

Há um versículo maravilhoso que fala do efeito da adoração extravagante sobre a esterilidade.

"Cante, ó estéril, você que nunca teve um filho; irrompa em canto, grite de alegria, você que nunca esteve em trabalho de parto; porque mais são os filhos da mulher abandonada do que os daquela que tem marido", diz o Senhor.

Isaías 54:1

Que promessa! Nesse capítulo, encontramos uma mulher estéril que é exortada a cantar de alegria *antes* de ficar grávida. O resultado final é que ela terá mais filhos do que aquela que estava tendo um filho após o outro. Aqui podemos ver uma ilustração bastante profética. As pessoas que adoram em todas as circunstâncias se tornarão frutíferas de maneiras incompreensíveis.

Qualquer um pode ficar feliz depois que o milagre acontece. Mostre-me alguém que celebra antes da vitória, e eu lhe mostrarei que ele está prestes a experimentá-la. Essa é a natureza da fé – vê adiante e vive de acordo com o futuro.

Restaurado ao Propósito

Talvez seja apropriado reintroduzir a passagem de Gênesis 1:28 neste contexto, em que Deus ordena que os adoradores *"sejam férteis e multipliquem-se! Encham e subjuguem a Terra!"*. Os exemplos de Mical e da mulher de Isaías 54 são realmente significativos? Creio que sim. No Tabernáculo de Davi, somos conectados com o nosso propósito original de adoradores que carregam a glória e restauram a fertilidade aos lugares secos da vida daqueles que têm sofrido nas mãos do inimigo. O diabo veio para *"roubar, matar, e destruir"* (Jo 10:10). Jesus veio para derrotar o diabo, expor suas obras e reverter seus efeitos. Ele veio para dar vida. Nós herdamos a tarefa privilegiada de aplicar a vitória de Cristo dessa mesma maneira. Adoradores fazem isso por natureza.

O Novo Estava no Antigo

Às vezes, lemos as histórias do Antigo Testamento e as aceitamos sem perceber o quanto elas são dramáticas e revolucionárias. Esse é o caso de Davi e seu tabernáculo.

Sangue: A Lei estava em vigor até Jesus viver uma vida sem pecado, sofrer e morrer em nosso lugar, pagando o preço que a Lei exigia por causa do pecado.

Sob a Antiga Aliança, o sacerdote apenas poderia entrar na Presença de Deus através de um sacrifício de sangue. E, ainda, somente o sumo sacerdote podia entrar no Santo dos Santos um dia por ano, o Dia da Expiação. O Santo dos Santos fica na sala interna onde a Presença manifesta de Deus estava – a única luz era a gloriosa Presença de Deus. É onde a Arca da Aliança ficava guardada.

Quando Davi se tornou rei, ele percebeu que Deus estava procurando por algo mais – sacerdotes que oferecessem sacrifícios de agradecimento e louvor através de um coração totalmente entregue e quebrantado. Isso foi feito apesar de ser proibido pela Lei sob a qual ele vivia. Foi oferecido com instrumentos musicais assim como as vozes dos cantores. Nesse contexto, todo sacerdote poderia ir diariamente diante de Deus sem ter que levar uma oferta de sangue. Isso, é claro, apontava o dia em que todo crente, um sacerdote de acordo com 1 Pedro 2:9, se achegaria a Deus com ousadia por causa da conquista de Jesus por nós. Foi isso a que Tiago se referiu quando disse que o tabernáculo de Davi estava sendo reconstruído.

Davi era o homem segundo o coração de Deus. Ele tinha uma percepção de Deus que não seria completamente vista até que Jesus viesse e derramasse Seu sangue por todos. A experiência de Davi foi uma prova profética de algo vindouro. Eu creio que foi a sede de Davi por Deus que permitiu que ele tivesse aquelas experiências naqueles dias, mesmo que já tivessem sido reservadas para outra época.

Essa tenda ou tabernáculo que Davi havia construído para a Arca foi colocada no Monte Sião. Eu vivo no norte da Califórnia. Quando falamos de uma montanha, falamos de uma peça importante da nossa geografia. O Monte Shasta, por exemplo, tem 4.267 metros de altura. O Monte Sião, por outro lado, é uma simples elevação na terra que fica na cidade de Jerusalém. Sião significa "lugar ensolarado", já que é onde o sol brilha primeiro. O que Sião não tinha em elevação, ele tinha em significância. Significância é sempre mais importante do que visibilidade.

Algumas das declarações sobre o Monte Sião são maravilhosas o bastante para se considerar.

- *"Formoso de sítio, e alegria de toda a Terra é o monte Sião sobre os lados do norte, a cidade do grande Rei"* (Sl 48:2, ACF). O Monte Sião deve ser a alegria de toda a Terra.
- *"Desde Sião, perfeita em beleza, Deus resplandece"* (Sl 50:2). Sião é uma beleza perfeita. É de lá que Deus brilha.
- *"O Senhor ama as portas de Sião mais do que todas as habitações de Jacó"* (Sl 87:2, ACF). Portas são louvor (ver Isaías 60:18). Deus habita no louvor. E o louvor e as portas de Sião são suas moradas favoritas.
- *"Por que, ó montes escarpados, estão com inveja do monte que Deus escolheu para Sua habitação, onde o próprio Senhor habitará para*

sempre?" (Sl 68:16). Todas as outras montanhas invejam o Monte Sião. É onde Deus escolheu habitar. E porque diz *"para sempre"*, é aplicável também ao Novo Testamento. Refere-se à comunidade adoradora como Seu Monte Sião. Mais uma vez, o que ele não tem de elevação, ele tem de significância.

A Adoração Afeta as Nações

Salmos é o grande livro da adoração. Canções foram escritas para exaltar a Deus. Mas algo singular aconteceu em alguns daqueles versos. O autor começou a fazer declarações sobre as nações que se levantam para dar glória a Deus. Decretos foram feitos sobre todas as nações adorando ao único Deus verdadeiro. Agora, sem importar onde achamos que isso se encaixa no plano de Deus para as nações, são os adoradores que declaram isso primeiro. Por quê? Porque adoradores estão numa posição de chamar as nações para o seu propósito, para o seu destino planejado por Deus. Esse é o privilégio sagrado daqueles que adoram. Abaixo estão alguns versículos que levam a esse pensamento.

> *Todos os confins da Terra se lembrarão e se voltarão para o Senhor, e todas as famílias das nações se prostrarão diante Dele.*
> *Salmos 22:27-28*

> *Exultem e cantem de alegria as nações, pois governas os povos com justiça e guias as nações na Terra.*
> *Salmos 67:4*

> *Permaneça para sempre o Seu nome e dure a Sua fama enquanto o sol brilhar. Sejam abençoadas todas as nações por meio Dele, e que elas O chamem bendito.*
> *Salmos 72:17*

Todas as nações que Tu formaste virão e Te adorarão, Senhor, glorificarão o Teu nome.

Salmos 86:9

Louvem o Senhor, todas as nações; exaltem-No, todos os povos!

Salmos 117:1-2

A Surpresa dos Últimos Dias

Há uma profecia declarada por Isaías e Miqueias que tem falado ao meu coração por muitos anos até agora. Ela fala sobre o monte do templo de Deus. Não pode ser outro senão o Monte Sião. Será profeticamente cumprida nos últimos dias. Creio que se refere à reconstrução do Tabernáculo de Davi – a combinação de crentes de todas as nações no Novo Testamento num povo chamado de adoradores.

Nos últimos dias acontecerá que o monte do templo do Senhor será estabelecido como o principal entre os montes, e se elevará acima das colinas. E os povos a ele acorrerão.

Isaías 2:2, Miqueias 4:1

Veja o efeito do estabelecimento desse templo como o principal de todos os montes. *Principal* significa *chefe*. Esse governo será o chefe de todos os governos. Como consequência, todas as nações correrão para ele, buscando a palavra do Senhor. Creio que isso se refere à colheita gigantesca que acontecerá antes que venha o fim. Será causada pelos adoradores. É a reconstrução do Tabernáculo de Davi. A adoração afeta o destino das nações.

8

AVIVAMENTO FUNDAMENTADO EM JESUS

Jesus Cristo é a teologia perfeita. O que você acha que sabe sobre Deus que não pode ser encontrado na pessoa de Jesus merece ser questionado. Ele é o padrão – o único padrão nos dado para seguir.

Apesar de esse pensamento ser simples, nunca deixo de me impressionar com quantas pessoas tentam melhorar o exemplo que Jesus nos deu e criam um novo padrão – um que seja mais relevante. Parece haver dois extremos a esse respeito. Um é o ministério profético do Antigo Testamento, cuja visão sobre Deus e o homem é correta para sua época, mas muito incompleta considerando o tempo em que vivemos hoje. Falta um ingrediente importante – Jesus, o reconciliador. Ele cumpriu as exigências da Lei e tornou possível a reconciliação com Deus. Ele não permitiria que Tiago e João ministrassem sob aquela unção quando pediram permissão (ver Lucas 9:54). Essa época acabou! (Ver Lucas 16:16). Outro extremo é aqueles que fazem grandes esforços para não ofender ninguém com o

Evangelho. Sinceramente, esse não parece ser um valor que Jesus carregou. O coração deles é bom no sentido de que querem que todos sejam incluídos na família; mas, se diluirmos a mensagem de Jesus e ganharmos novos convertidos, a quem eles se converteram? Se eles não ouviram o mesmo evangelho de entrega total a Jesus, então ouviram a mensagem de quem? Realmente pensamos que as pessoas que não estavam dispostas a vender tudo na época de Jesus seriam mais convertidas na nossa?

Por milênios, há uma luta na igreja sobre dois desafios contrastantes: manter os padrões que Jesus definiu, sem recuar. Existem muitos que querem tanto a Religião da Antiguidade que tentam preservar um tempo que não existe mais no coração de Deus. O outro é o desafio de permanecer relevante para a cultura atual. É um desafio difícil já que muitos abrem mão das amarras do Evangelho simples para se tornarem contemporâneos. Jesus sempre é contemporâneo, atual e relevante, mais do que qualquer coisa que acontece ao nosso redor. O Pai, o Filho e o Espírito Santo são eternos. Eles são a relevância em sua perfeição.

As escolas bíblicas e os seminários priorizam o ensinamento ao invés da prática. O grego e o hebraico são importantes, mas não mais importantes do que aprender a reconhecer a voz de Deus e liberar o milagre de curar alguém. Cursos de liderança são importantes, mas não mais importantes do que ser capaz de levar alguém a Cristo ou à libertação. Administração de finanças recebe grande ênfase, e deve receber, considerando quantas falências existem. Mas Jesus ensinou a importância de administrar nosso dinheiro assim como nossas línguas e nossas famílias. Essas aulas somente se tornam difíceis de ministrar quando os professores não têm experiência. É aí que está o problema. Pessoas com teorias estão construindo uma geração que está satisfeita com teorias. Muitos param bem perto de um encontro com Deus porque estão satisfeitos com uma boa teologia. Um deve levar ao outro.

Imensos esforços são feitos para irmos à igreja num tempo hábil a fim de que possamos continuar com o resto de nossas vidas. Aparentemente, muitos ainda não descobriram que realmente não temos uma vida fora de Cristo.

Podemos frequentar as melhores escolas bíblicas ou seminários, e fazer muitos cursos sobre o estudo das Escrituras, sobre liderança, música, administração, como debater com outras religiões, etc.. Esses cursos têm seu lugar. E estou considerando apenas aquelas escolas que realmente creem na Bíblia, seminários nascidos de novo. Examine os cursos. Quantos ensinam como curar os enfermos ou ressuscitar os mortos? Quantos têm aulas sobre oração e jejum, ou como expulsar demônios, ou intercessão pelas nações até que haja uma mudança? Os cursos disponíveis são bons e valiosos, mas será que podem ser mais importantes do que o que Jesus ordenou que aprendamos e façamos? Talvez a razão por que esses cursos não existem seja que aqueles que ensinam não sabem como. Essas coisas não podem ser ensinadas meramente a partir do intelecto. Elas não são conceitos. A verdade que é separada da experiência é divisora por natureza. A verdade experimentada é inclusiva.

Isso sequer leva em consideração a grande quantidade de escolas que agora questionam tudo, desde o nascimento virgem até os milagres de Cristo. Essas são uma abominação. Um dos pensamentos mais tolos que pode entrar na mente de alguém é o de pensar que "o Deus de hoje" não é relevante. A igreja pode perder sua relevância, mas Deus nunca.

Nós nunca somos relevantes porque espelhamos a cultura do mundo em nossa volta. Somos relevantes quando nos tornamos aquilo pelo que o mundo anseia. Tantos estão acostumados com a ideia de que o Evangelho deve ser constantemente rejeitado e que apenas alguns de nós conseguirão. Eu acho isso um erro. Jesus é o desejo das nações. Quando nós, como Seu povo, O representamos bem, as pessoas encontram o que procuram já que nós ilustramos os desejos de seus corações. Nós somos Seu corpo na Terra, o único Jesus que muitos verão. A representação Dele deve ser precisa.

Letras Vermelhas

Recentemente, ouvi uma grande mensagem de um amigo querido, Lou Engle. Ele lidera um dos movimentos de oração mais importantes de toda a História. Ele pregou uma mensagem magistral sobre o Sermão da Montanha em Mateus 5-7. Lou disse que as palavras de Jesus, a vida de Jesus, o ministério de Jesus, o exemplo de Jesus e a comissão de Jesus são o padrão que nossas vidas devem seguir. Não existe Plano B no Reino de Deus. Deus é bastante confiante em Sua capacidade de realizar Plano A.

De todas as coisas que Jesus ensinou que me desafiam até o fundo da minha alma, fico ainda mais chocado com as coisas não ditas. Ele carregava a pessoa do Espírito Santo para a Terra. Ele ilustrava um estilo de vida que pode ser alcançado, mas deve ser buscado, pois não virá até nós. Muito do que precisamos na vida será trazido a nós, mas muito do que queremos deverá ser conquistado por nós. É simplesmente assim que o Reino funciona.

Meus anos iniciais no ministério foram repletos de ensinamentos do Antigo Testamento. Não quero dizer que eu ensinava a Lei Mosaica. Eu simplesmente amava as histórias e aprendia a aplicá-las ao Novo Testamento. Aqueles foram anos importantes – anos que eu não trocaria. Mas algo tem acontecido comigo nos últimos anos que eu também não trocaria por nada. Jesus tem se apresentado a mim de formas que eu nunca havia entendido antes. O exemplo Dele é a inspiração para este livro. Olhar para a maneira como Ele viveu tem provocado inveja em mim – Ele carregava com êxito a "Pomba que permaneceu".

"Inveja" Pessoal

Desde que descobri que Jesus viveu Sua vida de uma maneira que podemos seguir, tenho tido inveja de muitas coisas que eram tão naturais para Ele. Meu coração queima, como se fosse paixão por algo que Jesus carregava que está disponível para todos. É gratuito, mas não é barato. Não se ofenda por eu usar a palavra "paixão" neste contexto. É o pensamento que Paulo usou quando nos ensinou a buscar ardentemente os dons espirituais. Obviamente não é sexual, mas envolve uma ardência interior. Essa frase quer dizer buscar apaixonadamente. Vai muito além do casual acordo mental com um conceito. É como um fogo tempestuoso dentro de nós.

Imagine essa história conhecida da vida de Jesus: As ruas estavam cheias de pessoas com sede de mais. Algumas estavam em busca de Deus; outras apenas queriam ficar perto daquele homem que havia se tornado famoso por feitos maravilhosos. Ele ressuscitava os mortos, curava os enfermos e se tornou o único assunto de toda uma cidade. As pessoas seguiam Jesus em qualquer lugar e em todo lugar. Enquanto aquela multidão de pessoas caminhava pela rua, uma mulher, uma mulher muito desesperada vê sua chance de um milagre. Ela carregava sua aflição por muitos anos sem qualquer esperança de cura. Ela mergulha para dentro da multidão até conseguir alcançar Jesus. No entanto, ela fica envergonhada demais em falar com Ele ou de chamar Sua atenção. Então simplesmente se estica para tocar a borda de Seu manto.

> *E estava ali certa mulher que havia doze anos vinha sofrendo de hemorragia e que gastara tudo o que tinha com os médicos; mas ninguém pudera curá-la. Ela chegou por trás Dele, tocou na borda de Seu manto, e imediatamente cessou sua hemorragia. "Quem tocou em Mim?", perguntou Jesus. Como todos negassem, Pedro disse: "Mestre, a multidão se aglomera e Te comprime". Mas Jesus disse: "Alguém tocou em Mim; eu sei que de Mim saiu poder". Então a mulher, vendo que não conseguiria passar despercebida, veio tremendo e prostrou-se aos Seus pés. Na presença de todo o povo contou por que tinha tocado Nele e como fora instantaneamente curada. Então Ele lhe disse: "**Filha, a sua fé a curou. Vá em paz**".*
>
> *Lucas 8:43-48*

É importante compreender que o poder no Reino de Deus se manifesta na forma de uma pessoa. Não é uma entidade separada do Próprio Deus. Jesus havia percebido que a unção, a pessoa do Espírito Santo, havia sido liberada Dele, pela necessidade da fé de alguém. Isso é realmente impressionante.

Uma coisa é se tornar consciente da Presença de Deus em adoração e outra completamente diferente é perceber quando o Espírito Santo é liberado através de nós no ministério. Em algumas ocasiões, senti a unção do Espírito Santo ser liberada das minhas mãos enquanto eu orava pela cura de alguém. Isso é tão encorajador! Mas é um nível completamente diferente ser tão sensível ao Espírito Santo, que vive em nós, a ponto de notar quando a fé de outra pessoa tem necessidade daquilo que carregamos. Podemos dizer que aquela mulher fez um saque da conta de Jesus. Quão sensíveis à pessoa do Espírito Santo devemos ser a fim de notar quando uma liberação de poder flui de nós? Adicione a essa equação o fato de que Jesus estava caminhando e conversando com outros quando aquilo aconteceu. Para mim, isso é incrível. Ele é sensível à Presença mesmo quando está conversando com as pessoas ou ouvindo seus comentários e perguntas. É por isso que tenho mais inveja.

Um saque foi feito Daquele a quem foi dado o Espírito Santo sem medida. Uma unção não pode ser esgotada. Não foi a falta da unção que Ele notou. Foi o mover do Espírito Santo que ele reconheceu – O Espírito Santo foi liberado Dele. Isso me impressiona além das palavras.

Uma Pomba nos Ombros

Uma das minhas histórias favoritas da Bíblia é a do batismo de Jesus. Nós já a vimos em parte. Mas há mais uma parte da história que é central para este livro. Está registrada no Evangelho de João.

João testificou dizendo:

Eu vi o Espírito descer do céu como pomba e permanecer sobre Ele. Eu não O teria reconhecido, se aquele que me enviou para batizar com água não me tivesse dito: "Aquele sobre quem você vir o Espírito descer e permanecer, esse é O que batiza com o Espírito Santo". Eu vi e testifico que este é o Filho de Deus.

João 1:32-34

Jesus prepara o cenário para um tempo totalmente novo. Os profetas do Antigo Testamento exemplificaram essa possibilidade incrivelmente, principalmente para a época deles. Eles mostraram o impacto da Presença de Deus sobre uma pessoa para uma tarefa específica. Mas foi Jesus que revelou isso como estilo de vida. O Espírito Santo permaneceu sobre Ele.

Agora percebo que não devemos viver pelo que sentimos. Emoções são maravilhosas, mas não são indicadores confiáveis da Presença e do mover de Deus. Mas há um sentimento que vai além das emoções e pode agir independentemente do nosso estado emocional. É o humor do Próprio Espírito Santo com o qual podemos nos sintonizar para mover como Ele move.

Sabemos que o Espírito Santo vive em nós como crentes nascidos de novo. A promessa incrível que acompanha essa realidade é a de que Ele nunca nos deixará. Que promessa! Que conforto! Porém, a realidade triste é que o Espírito Santo não repousa sobre todo crente. Ele está em mim por minha causa, mas está sobre mim por causa de vocês. Quando o Espírito Santo repousa sobre uma pessoa e permanece, é porque Ele foi recebido por ela de forma muito honrosa.

Eu frequentemente pergunto às pessoas o que elas fariam se uma pomba de verdade pousasse sobre o ombro delas. Como elas andariam em volta de uma sala ou como passariam o dia se não quisessem que a pomba voasse. A resposta mais comum é "com cuidado". É uma boa resposta, mas não basta. A correta é a seguinte: cada passo deve ser dado tendo a pomba em mente. É isso que eu considero ser a chave para que o Espírito permaneça. Ele é o único grande ponto de referência, não só para direção e poder no ministério, mas de fato para a própria vida. Nós fomos escolhidos para carregar a Presença de Deus. Incrível.

Administrando o Relacionamento

Lembro-me de ouvir, quando era jovem, alguém falar sobre ser cheio do Espírito. Tendo fortes raízes pentecostais, eu não considerava esse assunto novo. Mas o que eu escutei ser ensinado naquele dia era realmente novo. O homem de Deus simplesmente falou de dois versículos, nenhum dos quais faz referência ao batismo no Espírito. Não está em meu coração neste momento fazer uma declaração doutrinal agora, mas sim uma declaração relacional. Esses dois versículos são diretrizes:

> *Não entristeçam o Espírito Santo de Deus.*
>
> *Efésios 4:30*

> *Não apaguem o Espírito.*
>
> *1 Tessalonicenses 5:19*

Essa percepção simples tirou meu foco das expressões do Espírito (dons, etc.) e as colocou no que o Espírito Santo realmente sentia por causa de mim. E quanto mais eu andava com o Espírito Santo, mais minhas prioridades mudavam para contribuir para esse relacionamento. Isso abriu novos aspectos do andar com Deus que eu não considerava antes.

Não entristecer o Espírito Santo é um mandamento focado no assunto do pecado: em pensamento ou com atitudes ou ações. "Entristecer" é uma palavra que significa causar tristeza ou aflição. Descreve a dor no coração que o Espírito Santo pode sentir por causa de algo que fazemos ou permitimos em nossas vidas. É focado no caráter. É uma fronteira que deve ter a atenção de todos que são interessados em hospedar a Presença Dele mais poderosamente.

Não reprimir o Espírito Santo é um mandamento que mira no aspecto da cooperação de nosso relacionamento. A palavra "reprimir" significa parar o fluir de algo. O idioma original a define como extinguir ou apagar. Essa palavra utiliza brilhantemente duas metáforas para ilustrar essa conexão com Deus. "Parar o fluir" pode ser ilustrado ao dobrar uma mangueira no meio até que a água pare de fluir dela, enquanto "extinguir" revela o lado da paixão da nossa caminhada com Deus. Perder a paixão por Deus sempre afeta nossa capacidade de permitir que o Espírito Santo flua de nós para mudar as circunstâncias em nossa volta. Esse versículo é focado no poder.

Um Experimento Fracassado?

Eu não entendo aqueles que tratam o pecado de maneira leviana. É ainda mais perturbador quando esses indivíduos parecem ter o dom de ministrar com poder. Essa realidade faz com que alguns rejeitem totalmente os dons do Espírito Santo. Para eles, parece ser evidente que os dons não podem vir de Deus, porque Ele nunca usaria pessoas que andam em pecado. Outros vão para o outro extremo e são ofendidos porque Deus permite que pessoas que vivem no pecado ainda operam em alguma porção de unção. Eu concordo; é um grande mistério. Mas talvez ficaríamos menos atribulados se pudéssemos perceber que Deus sempre honra Sua Palavra, independente de quem seja o instrumento. Sua Palavra revela Seu caráter, não o nosso. E não responder a Sua Palavra é violar a aliança criada por Ele.

Dito isso, eu espero que possamos em breve chegar a um dia em que essa loucura de tolerar o pecado acabe para nós. Para compensar essa fraqueza do corpo, muitos têm ensinado que caráter é mais importante do que poder. Eu mesmo ensinei isso durante anos. Sempre temos histórias devastadoras para comprovar nossa opinião. Mas nossas histórias não contêm um pequeno detalhe: Jesus não ensinava nem agia dessa forma. Na verdade, quando Jesus deu poder e autoridade aos Seus discípulos em Lucas 9, eles imediatamente depois cometeram alguns de seus maiores erros. Logo após os discípulos receberem aquela revelação, eles foram encontrados rejeitando alguns seguidores de Jesus – a exclusividade havia envenenado seus corações. Antes disso, eles gastaram tempo considerável discutindo sobre quem era melhor que o outro. Eles haviam acabado de ministrar em sua cidade natal. Parece que o sucesso no ministério de poder havia dado a cada um deles a evidência necessária para provar suas opiniões – que eles eram os melhores! E para completar, Tiago e João queriam matar toda uma cidade de samaritanos ao chamar fogo sobre ela. O espírito de assassinato não foi reconhecido por eles, tudo em nome no ministério e do discernimento. Todos esses enormes defeitos vieram à luz após o glorioso momento em que Jesus lhes confiou poder e autoridade.

O caráter deles estava seriamente falho. A maior parte desse mistério é que Ele prosseguiu o que podemos chamar de experimento fracassado no capítulo 9 com a liberação da mesma unção sobre outros 70 em Lucas 10. Ele confiou poder a pessoas que estavam longe de serem qualificadas para andar na unção extraordinária. Às vezes, o caráter verdadeiro somente pode ser formado nas trincheiras da guerra e da vida.

É Melhor Dois do Que Um

É verdade que poder não é mais importante do que caráter. Porém, da mesma forma, é verdade que caráter não é mais importante do que poder. Sempre que cometemos esse erro, os dons do Espírito se tornam recompensas e deixam de ser presentes. Essa ênfase tem de fato destruído nossa eficácia nos dons do Espírito. Na verdade, essa abordagem tem causado tanto estrago na área dos dons sobrenaturais quanto o caráter falho tem arruinado nosso testemunho para o mundo. Os dois são essenciais. Caráter e poder são as duas pernas com que ficamos de pé, iguais em importância.

Para cada pessoa com dons sem caráter, posso lhe mostrar muitas pessoas com caráter que têm pouco poder. Esse tem sido o foco da igreja da minha geração em muitas partes do mundo. Consideram normal um estilo de vida sem poder. Consequentemente, estão fazendo pouca diferença no mundo em sua volta. Nós temos que parar de avaliar na curva, onde aprovamos o que se encaixa no padrão aceito. Devemos voltar a Jesus Cristo – teologia perfeita, o exemplo final dos dons do Espírito trabalhando no contexto dos frutos do Espírito: caráter e poder.

É interessante notar que os grupos de pessoas que andam em pouco poder são muito mais inclinados a crer que a igreja ficará cada vez mais fraca antes do fim dos tempos. Estão propensos a uma visão dos últimos dias em que poucos realmente perseverarão até o fim. Essa perspectiva parece legitimar sua falta de poder, dando a ela um propósito. É ridículo.

Por outro lado, aqueles que andam em poder veem a condição desesperada do mundo, mas também veem a abertura do mundo para Deus quando as impossibilidades de suas vidas se rendem ao nome de Jesus através de nossos lábios. Quando a igreja descobre quem ela é, ela não quer mais ser resgatada. Há uma grande diferença entre ser resgatada do grande diabo mau e ser buscada para um casamento. E apenas um desses é aceitável para o crente.

Nós somos capazes de manter nosso foco ao valorizar o coração de Deus. Essa foi a força do Rei Davi.

Voltando ao Padrão Ouro

O segredo do ministério de Jesus está no relacionamento que Ele tem com o Pai. Sua missão principal era revelá-Lo ao mostrar Sua natureza e Sua vontade. Jesus é a vontade de Deus. Ao fazer isso, Ele fazia declarações surpreendentes como *"o Filho não pode fazer nada de Si mesmo; só pode fazer o que vê o Pai fazer, porque o que o Pai faz o Filho também faz"* (Jo 5:19), e *" digo ao mundo aquilo que Dele ouvi"* (Jo 8:26). Jesus colocou o Céu num curso de colisão com o planeta órfão chamado Terra. Sua dependência do Pai trazia a realidade de Seu mundo para este. É por isso que Ele podia dizer: *"O Reino dos Céus está próximo!"*

Todos os atos de Jesus eram expressões de Seu Pai para toda a humanidade ver. Antes disso, a raça humana viu a natureza devastadora do pecado e as consequências dele. Mas Jesus veio e acrescentou o elemento que faltava – o Pai. O autor de Hebreus chamou Jesus de a expressão exata da natureza de Seu Pai (ver Hebreus 1:3). A vida de Jesus é a revelação mais completa e precisa do Pai já vista neste mundo. Jesus disse: *"Quem Me vê, vê o Pai"* (Jo 14:9). Isso ainda é verdade. É o coração desse Pai perfeito que dá vida à humanidade (ver João 10:10) e destrói todas as obras do destruidor (ver 1 João 3:8). O Espírito Santo é aquele que revela o coração do Pai para nós e através de nós (ver João 16:12-15).

Os Negócios do Pai

Algumas coisas que eram tão práticas para Jesus têm se tornado muito abstratas para nós. Não devia ser assim. Fazer somente o que Pai faz é uma das áreas mais importantes da vida que tem sido debilitada por essa tendência de espiritualizar demais o que era bastante natural. A seguir veremos algumas das formas pelas quais tenho conseguido começar a experimentar e a entender o que o Pai está fazendo.

Palavra direta: Não há dúvida de que Jesus ouvia diretamente do Pai sobre o que Ele queria que Jesus fizesse numa situação específica. Eu particularmente creio que muitas dessas direções vinham nas noites em que Jesus passava em oração que precediam os dias de ministério. Mas também é verdade que o Espírito Santo, que sempre pousava sobre Ele, revelava na hora o que o Pai queria Dele. Aprender as muitas formas como Deus fala, nos ajuda a estar mais sintonizados com essa possibilidade.

Enxergar a fé no outro: Uma das possibilidades mais encorajadoras que Jesus mostrou é o fato de que Ele nem sempre parecia saber o que fazer com antecedência, mas recebia a direção ao enxergar a fé em outra pessoa. Para mim, isso significa que às vezes posso receber direção ao ver a resposta do coração de alguém à obra do Espírito Santo. A fé somente pode existir numa pessoa através da obra de Deus. Então faz sentido que eu possa ver o que o Pai está fazendo ao observar a fé nos outros. Mas se não tenho familiaridade com a esfera da fé em mim, será mais difícil vê-la em outra pessoa. O centurião é um bom exemplo disso. Jesus ficou admirado com a fé que viu naquele homem e respondeu ao seu pedido liberando uma palavra de cura para o seu servo. *"Ao ouvir isso, Jesus admirou-se e disse aos que o seguiam: 'Digo-lhes a verdade: Não encontrei em Israel ninguém com tamanha fé'"* (Mt 8:10). Jesus liberou a realidade do Reino àquele homem de acordo com a sua fé. *"Então Jesus disse ao centurião: 'Vá! Como você creu, assim lhe acontecerá!' Na mesma hora o seu servo foi curado"* (Mt 8:13).

Usar sua própria fé: Frequentemente, não temos clareza quanto à vontade específica de Deus numa situação. A direção do Pai nem sempre é clara para mim. Nessas situações, é possível encontrar a vontade de Deus através da nossa própria fé ao agirmos de acordo com a vontade de Deus revelada em Sua Palavra. Às vezes, cometemos o erro de esperar que Deus venha até nós e esclareça as coisas, quando cabe a nós ativar a fé e buscar. Muitos ficam paralisados no ministério por causa de sua própria inatividade. Mais uma vez, muito do que precisamos na vida será trazido a nós, mas muito do que temos sede de ter deverá ser conquistado. A fé duradoura busca a vontade de Deus até achá-la. Sempre deixaremos a desejar nessa esfera de milagres se reagirmos às coisas que se tornam totalmente claras. Algumas das maiores vitórias que já vi aconteceram devido à resposta a uma leve impressão ou ideia do que Deus deve estar fazendo. Nossa própria fé pode nos levar à descoberta do que o Pai está fazendo.

O Resultado

João Batista viu a pomba descer e pousar sobre Jesus. Não há relato de que alguém mais tenha visto a pomba. Contudo, todos viram o resultado da presença dela: em pureza e em poder, apareceu para revelar o coração de Deus para esse planeta órfão.

Assim como o Espírito Santo revelava a vontade do Pai a Jesus, Ele revela o coração do Pai a nós. E Sua Presença e poder revelam o Pai através de nós. Revelar Sua vontade é revelar o próprio Deus.

Jesus se tornou a última revelação da vontade de Deus na Terra. Porém, não foi só pelo que Ele conquistou, mas porque hospedou implacável e persistentemente o Espírito Santo.

Dar lugar à Presença de Deus como nossa maior alegria e nosso maior tesouro não é uma estratégia que usamos para conseguir milagres. No entanto, o Pai não pode ser adequadamente representado sem milagres, pois eles são essenciais na revelação de Sua natureza.

Fazemos distinção entre o natural e o sobrenatural. Essas são as duas esferas em que vivemos. Mas Deus possui apenas uma esfera: a natural. Tudo é natural para Ele.

9

ENVIANDO A POMBA

É difícil expressar em palavras como sou tocado pelo relato do momento em que o Espírito Santo pousou sobre Jesus em forma de pomba – e permaneceu. Uma "inveja santa" nasce em mim: um desejo de viver na realidade em que Jesus viveu. Ver o que é possível através do exemplo Dele me libertou para ter sede daquilo que eu sei que está ao meu alcance. Tem sido uma experiência crescente durante os últimos muitos anos, e uma que continua a progredir. A sede prevalece.

Jesus nem sempre nos diz o que buscar. Algumas coisas somente se tornam parte de nossas vidas porque vemos as formas como Deus age e buscamos de acordo com elas. Já abordei essa realidade em outro contexto: Jesus não ensinou o povo a tocar em Suas vestes a fim de receber cura. Eles observaram a natureza de Deus agindo Nele e reagiram de acordo com que viam estar disponível através daquele exemplo. Hoje podemos usar o mesmo princípio para enxergar que Jesus carregava continuamente algo que definiu o precedente sobre como cada um de nós deve viver.

Nós agimos corretamente ao buscar de acordo com Suas ordens. Mas um romance deixa de ser um romance quando é ordenado. Algumas coisas devem ser buscadas simplesmente porque existem. Moisés pôde purificar o clamor de seu coração nessa simples oração: *"revela-me os Teus propósitos, para que eu Te conheça"* (Êx 33:13). Descobrir os propósitos de Deus é o convite para se achegar a Ele e conhecê-Lo na forma revelada. As revelações de Sua natureza são convites para experimentarmos Sua Presença. Como Ele revela Sua natureza a nós através do mover do Espírito Santo, Ele frequentemente nos deixa sem comando. Ao invés, Ele anseia descobrir o que realmente está em nossos corações, já que é da natureza do coração apaixonado sempre responder à porta aberta para o encontro.

A Pomba e os Discípulos

O Espírito Santo não podia viver nos discípulos até que eles nascessem de novo, o que não podia acontecer até que Jesus tivesse morrido e ressuscitado dos mortos. Mas apesar de o Espírito de Deus não estar neles, Ele estava com aqueles doze.

> *...o Espírito da verdade. O mundo não pode recebê-Lo, porque não O vê nem O conhece. Mas vocês O conhecem, pois Ele vive com vocês e estará em vocês.*
>
> *João 14:17-18*

Jesus disse a eles: vocês O conhecem. Isso soa incrível para mim, pois eles não haviam nascido de novo ainda. Eles tinham uma medida de relacionamento com o Espírito Santo antes de serem nascidos de novo.

Às vezes, não conseguimos conhecer uma pessoa até que trabalhamos com ela. Esse certamente é o cenário que Jesus criou para os Seus discípulos. Eles deviam desenvolver um relacionamento com o Espírito Santo no ministério que mais tarde os prepararia para a mais incrível promoção imaginável: se tornariam a habitação de Deus na Terra.

Jesus era o mestre perfeito. Seu tempo com aqueles doze homens foi crítico por muitas razões. Uma razão é que durante aquele período Ele lhes ofereceu instruções práticas para o resto de suas vidas. Através de Suas instruções e de Seu exemplo, Ele revelou a prioridade dessa maravilhosa aventura com o Deus Espírito Santo. Mas, sinceramente, algumas das instruções de Jesus parecem muito abstratas para mim e um pouco difíceis de entender.

Às vezes, as lições parecem impraticáveis para nós porque vivemos numa atmosfera diferente da de quando a lição foi dada. Ver Jesus ilustrar como proteger a Presença da Pomba, por exemplo, é muito mais prático quando a evidência da Presença é testemunhada momento a momento pelos discípulos por mais de três anos. Quando crescemos num meio em que há pouca Presença, nem sempre entendemos o que Jesus ensinou. A atmosfera criada por Sua Presença manifesta e por Seu estilo de vida contribuem incrivelmente para uma lição sendo dada. Visto isso, estamos num tempo de maior Presença e poder: tudo isso está mudando para nós. E eu estou grato. Consequentemente, algumas das coisas que estavam escondidas de nós nas Escrituras agora estão sendo reveladas porque temos onde colocá-las.

Prontos ou Não, Aqui Vamos Nós

Após dar a comissão aos 70 discípulos, Jesus os enviou em pares para suas cidades natais. É interessante que Ele os considerou totalmente preparados. Para falar a verdade, na maioria de nossas igrejas esse grupo de pessoas não qualificadas não poderia sequer ser ajudante do estacionamento, muito menos líderes de campanhas evangelísticas. (Na minha opinião, treinamos excessivamente nossas equipes até que se tornem espiritualmente musculosas demais). Jesus os enviou dizendo:

Não levem bolsa, nem saco de viagem, nem sandálias; e não saúdem ninguém pelo caminho. Quando entrarem numa casa, digam

primeiro: "Paz a esta casa". Se houver ali um homem de paz, a paz
de vocês repousará sobre ele; se não, ela voltará para vocês.

Lucas 10:4-6

Primeiramente, note que Ele os enviou sem provisões. Sem dinheiro, sem reserva de hotel, sem auditórios alugados, nada – somente uma direção geográfica e um impulso. Uma das coisas que tentei fazer pelos meus filhos foi cuidar de todo problema possível com antecedência para que pudessem ser bem-sucedidos. Jesus não fez isso. Ele intencionalmente os enviou sem nada. Eles se deparariam com situações em que precisariam um do outro (enviados em pares) e precisariam descobrir a direção do Espírito de Deus, como uma equipe. O objetivo não era que tivessem reuniões poderosas em casa, apesar de terem tido. O objetivo era que aprendessem a trabalhar com o Espírito Santo, que estava com eles. Jesus estava interessado em conectá-los ao processo de hospedar a Presença mais do que Ele estava interessado no resultado das reuniões. Ele estava levantando um grupo de pessoas sobre quem o Espírito Santo poderia também pousar e permanecer.

Muitas das lições que precisamos aprender só podem ser aprendidas ao servimos aos outros. O resultado final foi que eles tiveram reuniões poderosas em casa, que é o local mais difícil para ministrar com sucesso. Como Jesus já havia dito: *"Digo-lhes a verdade: Nenhum profeta é aceito em sua terra"* (Lc 4:24). Uma das razões pela qual é tão importante aprender a ministrar em casa é por causa do valor de servir onde não há nenhuma honra. Não devemos nos tornar viciados nos elogios dos homens. Se não vivermos segundo seus elogios, não morreremos por suas críticas. Mas isso só era possível se eles primeiro conhecessem o lugar do Espírito Santo no empreendimento

A segunda coisa a ser observada é o que Jesus lhes disse para fazerem quando encontrassem um lugar para ficar. Eles deveriam deixar a paz entrar naquela casa. Isso é simplesmente uma ordem de cumprimentar as pessoas com a palavra *shalom*, ou "paz"? Duvido. Se fosse, essa lição teria sido ensinada de forma muito mais simples. Pessoalmente, eu não acredito que eles realmente tenham entendido essa instrução até mais tarde na sua história. Mesmo assim, eles deveriam liberar paz, e, interessantemente, depois retirá-la se não houvesse ninguém digno dela ali (ver Mateus 10:13). O Evangelho de Lucas diz que a paz retornaria automaticamente para eles.

Paz, a Pessoa

O mundo pensa na paz como a falta de algo: um tempo sem guerra, um tempo sem barulho, ou um tempo sem conflito. Para um crente, a Paz é uma pessoa – a presença de alguém. Nossa habilidade de responder a esse comando de Jesus de liberar paz sobre uma casa é central em Sua instrução para o ministério. Está diretamente ligada a nossa capacidade de reconhecer a Presença do Espírito Santo. É difícil liberar consistentemente algo de que não temos consciência. A consciência da Presença de Deus sempre aumenta nosso impacto quando se trata de influenciar o mundo ao nosso redor.

Muito do que fazemos é baseado nos princípios do ministério ao invés de na Presença. Um dos mistérios da vida é que o papel principal de um crente é hospedar uma pessoa, a Presença, que é o Espírito Santo – a pomba que permanece. Ele é uma pessoa, não uma coisa. Quando reduzimos a alegria de conhecer Deus a princípios que trazem conquistas, barateamos a jornada. Aqueles que desejam os princípios acima da Presença buscam um reino sem rei.

Jesus é chamado de Príncipe da Paz nas Escrituras. O Espírito Santo é o Espírito de Cristo, a pessoa da paz. E essa Paz que é uma pessoa é a atmosfera real do Céu. É por isso que a paz é como uma espada de dois gumes: é calma e maravilhosa para o crente, mas altamente destrutiva e invasiva para os poderes das trevas. *"Em breve o Deus da paz esmagará satanás debaixo dos pés de vocês"* (Rm 16:20). Isso é uma grande missão dada aos Seus seguidores: libere a pessoa da paz quando entrar numa casa, pois ao fazer isso, você liberará a Presença que é a atmosfera real do Céu para corações rendidos enquanto ao mesmo tempo eliminará os poderes das trevas que agem naquele lar, pois aquela atmosfera é expressa através da pessoa do Espírito Santo. Para Jesus, esse era o Ministério Be-a-bá

O Que Deus Anseia

Para Deus, milagres são tão simples como respirar. Nenhum esforço é exigido. Já que o Espírito do Cristo ressurreto vive dentro de nós, milagres são esperados. Mas não é aí que os desejos de Deus estão focados para nós. Ele quer nossos corações. E embora haja muitas expressões de um coração rendido, Ele procura por aqueles que confiarão Nele. Lembre-se, sem fé é impossível agradá-Lo (ver Hebreus 11:6). Confiança é a questão.

Para honrá-Lo completamente, temos que viver de forma que, a menos que Deus apareça, o que estamos tentando fazer está fadado a falhar. Esse tipo de rendição fazia parte da natureza de Jesus aqui na Terra e agora é a natureza do crente. É assim que somos "comissionados" a essa missão. Ele disse: "Entrem numa cidade e procurem um lugar para ficar. Não levem nenhum dinheiro. Não leve roupa suficiente para poder cuidar de vocês por longos períodos de tempo. Tornem-se vulneráveis em sua rendição aos Meus propósitos para que, a menos que Eu apareça para prover e dar direção, nada funcionará".

Esse é um contexto que Jesus apresentou aos discípulos no qual poderiam viver seguros como ovelhas que os lobos gostariam de devorar. Você pensaria que se tornar vulnerável ao risco seria a posição mais insegura de estar, entretanto esse Reino funciona de forma diferente. Assim como nós somos exaltados ao nos humilharmos, e vivemos ao morrermos, então neste Reino ficamos mais seguros quando estamos mais vulneráveis ao perigo devido ao nosso "sim" à Sua missão. As linhas de frente da batalha realmente são as posições mais seguras para estar. Davi não enxergou essa verdade em sua maior derrota.

Na primavera, época em que os reis saíam para a guerra... Davi permaneceu em Jerusalém. Uma tarde Davi levantou-se da cama

e foi passear pelo terraço do palácio. Do terraço viu uma mulher muito bonita tomando banho, e mandou alguém procurar saber quem era. Disseram-lhe: "É Bate-Seba, filha de Eliã e mulher de Urias, o hitita". Davi mandou que a trouxessem, e se deitou com ela.

ver 2 Samuel 11:1-4

Davi perdeu a batalha com os seus olhos, o que abriu a porta para ele perder a batalha do seu coração, tudo porque ele não estava na batalha para a qual nasceu. Era a época de os reis saírem para a guerra. Naquele momento, a guerra teria sido um lugar mais seguro do que o terraço de seu palácio.

Seria tolo pensar que o perigo dos ministérios de frentes de guerra não é real. Mas, quando a presença manifesta de Deus está conosco em nossa missão, lugares perigosos se tornam seguros. E muitas vezes nos tornamos conscientes Dele na medida em que temos consciência da nossa necessidade em relação a Ele. Realmente tem tudo a ver com a Presença. Tem a ver com hospedá-Lo. Isso foi o que os 70 descobriram. A ignorância e a falta de experiência deles não os desqualificaram. Eles haviam sido enviados por Aquele que estava indo com eles.

Verdadeira Provisão

Minha ideia de proteção é bastante diferente da de Deus. Eu me certificaria de que todos os preparativos necessários para a viagem estavam prontos – contatos, locais de encontro, finanças e treinamento suficiente. Eu também teria enviado cerca de dez pessoas para cada cidade para ter certeza de que poderiam ministrar com mais eficácia. Fico constantemente surpreso com como Jesus pensa diferente. Ele os enviou numa jornada que estava completamente preparada, mas não das maneiras que frequentemente são importantes para mim. Estava totalmente preparada porque Deus iria com eles. Duas pessoas seriam o bastante: elas seriam abençoadas pelo princípio da unidade, mas não cairiam no possível conflito que os doze espias tiveram ao espiarem a terra na época de Moisés. Opiniões demais facilmente destroem os propósitos de Deus. Dois espias trouxeram um relato positivo. Não estou dizendo que viajar em pares é o único modelo de ministério. Estou dizendo que Jesus os enviou totalmente preparados de uma maneira que nem sempre reconhecemos – Deus iria com eles na missão que tinham: liberar paz sobre uma casa, curar os enfermos, ressuscitar os mortos, etc.. Jesus se certificou de que eles se mantiveram centrados no Espírito Santo. Eles estavam preparados da melhor forma possível. Eles haviam visto Jesus operar, e Ele os comissionou com uma missão que exigia que se mantivessem dependentes do Espírito Santo.

Como disse, eu teria providenciado todas as coisas naturais de que eles precisariam. Jesus forneceu a direção e a Presença através do poder e da autoridade dados a eles. O que Ele deu a eles lhes garantiu as provisões naturais porque o Espírito Santo estava em ação. Esse é o conceito que Jesus ensinou às multidões em Mateus 6:33: *"Busquem, pois, em primeiro lugar o Reino de Deus... e todas essas coisas lhes serão acrescentadas"*. Seu Reino trabalha inteiramente baseado no princípio das coisas mais importantes primeiro. A provisão do Senhor não é somente comida na mesa. A provisão sobrenatural do Senhor é a proteção divina e o impacto total em nossa missão. O ponto central é o seguinte: Desistir de estarmos no controle de nossa vida para nos tornarmos verdadeiramente direcionados e capacitados pelo Espírito Santo. A comissão que recebemos Dele foi a de aprender como o Espírito Santo move. Vamos aprender Seus caminhos.

A Profecia de Noé

Um lugar um pouco surpreendente nas Escrituras em que encontramos uma lição de Jesus para os seus discípulos está na história de Noé e o dilúvio. Há uma parte da história que ilustra no contexto do Antigo Testamento o que Jesus iria treinar Seus discípulos para fazer.

Passados quarenta dias, Noé abriu a janela que fizera na arca. Esperando que a terra já tivesse aparecido, Noé soltou um corvo, mas este ficou dando voltas. Depois soltou uma pomba para ver se as águas tinham diminuído na superfície da terra. Mas a pomba não encontrou lugar onde pousar os pés porque as águas ainda cobriam toda a superfície da Terra e, por isso, voltou para a arca, a Noé. Ele estendeu a mão para fora, apanhou a pomba e a trouxe de volta para dentro da arca.

Gênesis 8:6-9

Lembre-se de que a pomba representa o Espírito Santo na Bíblia. Isso fica claro, principalmente, na história do batismo de Jesus nas águas. E aqui na história de Noé encontramos uma descrição interessante da conexão de Noé com a pomba. Não há outro animal que tenha recebido a mesma atenção ou tenha tido a mesma ligação implícita com Noé como essa pomba.

A pomba foi solta porque ela iria procurar um lugar para repousar Quando não encontrava um local de descanso, ela retornava para Noé e a arca. Essa é a figura que ilustra o envio do Espírito Santo através dos discípulos quando eles entram numa casa. A implicação é que o Espírito Santo ainda procura lugares onde repousar – e esses lugares são pessoas. Quando a pomba não encontrava onde pousar, ela retornava para Noé, aquele que a enviou. Mais uma vez, considere as palavras de Jesus sobre os discípulos declararem paz sobre uma casa. Se ninguém ali quiser hospedar essa Presença *"ela retornará a vocês"* (Lc 10:6). Quando a pomba não encontrava lugar para pousar, ela voltava. Noé estendia o braço para o lado de fora e a trazia de volta para dentro da arca. É um vislumbre do Antigo Testamento para o ministério do Novo Testamento.

Noé esperou mais sete dias e soltou novamente a pomba. Ao entardecer, quando a pomba voltou, trouxe em seu bico uma folha nova de oliveira. Noé então ficou sabendo que as águas tinham diminuído sobre a terra.

Gênesis 8:10,11

A pomba foi enviada novamente, mas retornou dando a Noé um relatório de progresso. Deus planejou a arca de maneira que não havia janelas, com exceção de uma no telhado pela qual a pomba pudesse ser enviada. Noé deveria apenas olhar para o céu e confiar na informação que receberia da pomba. As águas estavam baixando.

Esperou ainda outros sete dias e de novo soltou a pomba, mas desta vez ela não voltou.

Gênesis 8:12

Na próxima vez em que ele soltou a pomba, ela não retornou. Creio que para a maioria de nós essa lição é abstrata porque recebemos pouco ensinamento e experiência sobre aprender a reconhecer a Presença de Deus. Muitos nunca saberiam, numa situação de ministério, se a pomba foi enviada, muito menos se Ela retornou. Seria muito difícil saber se o Espírito Santo que foi enviado de nós está agora repousando sobre alguém. Não digo isso para envergonhar ninguém, mas para criar uma sede por algo que é legalmente nosso privilégio e nossa responsabilidade. Devemos conhecer os caminhos e a Presença do Espírito Santo para que possamos cooperar com Ele de uma forma que transforma o mundo em nossa volta. Isso é o ministério verdadeiro.

A Procura Pelo Digno

Parte da instrução que Jesus deu aos 70 discípulos foi encontrar aqueles que eram dignos de receber Sua paz. Toda a Bíblia ensina que Deus não vê a aparência exterior de uma pessoa. Ele vê o coração. Isso ficou evidente na história do profeta Samuel quando procurava por um novo rei para Israel. Todos os filhos de Jessé estavam diante dele para uma avaliação. No natural, o profeta achou o candidato perfeito, mas Deus disse não. Após examinar cada um deles, Samuel perguntou se havia outro filho que não estava presente. Eles responderam que sim e foram buscar Davi, que estava cuidando das ovelhas de seu pai. Deus viu o coração dele e disse que ele era o escolhido.

Davi não era tratado da mesma maneira que seus outros irmãos. Seu próprio pai Jessé não o considerava um possível candidato para se tornar rei. Não tenho certeza se foi apenas um engano ou se havia algo mais acontecendo ali. Davi falou sobre ter sido concebido em pecado. *"Eis que em iniquidade fui formado, e em pecado me concebeu minha mãe."* (Sl 51:5, ACF). É possível que Davi tenha sido filho de outra esposa de Jessé ou, possivelmente, até um caso, o que o tornava meio-irmão dos outros filhos. Independentemente disso, nem seu pai nem seus irmãos o teriam escolhido. No entanto, Deus viu seu coração e o escolheu para ser o próximo rei.

Como você avalia se alguém é digno? Os altos cidadãos da comunidade nem sempre eram a primeira escolha de Jesus. Ao contrário, na maioria das vezes eram os possuídos por demônios, os publicanos, as prostitutas, entre outros, que eram todos considerados dignos de um toque de Deus. Eu tenho observado esse mistério por anos e devo admitir que é uma das coisas mais maravilhosas e misteriosas sobre a escolha de Deus por uma pessoa. Deus declarou que escolheu Israel porque eles eram os menores de todos. Isso se aplica a pessoas também.

Pense sobre o seguinte: é óbvio que Jesus não esperava que Seus discípulos soubessem quem era digno quando entrassem nas casas; senão, Ele teria ordenado que liberassem a Presença do Espírito Santo somente quando encontrassem os dignos. Ou seja, se houvesse alguma indicação natural de quem era digno, eles não teriam necessidade da instrução adicional de retirar a paz. Eles apenas podiam saber quem era digno pela resposta da pessoa ao Espírito Santo – Ele pousou sobre aquela pessoa? Ela foi receptiva à Pessoa do Espírito Santo ou não? O Espírito Santo retornou para quem O enviou? O que dirá se ela é digna é sua resposta à pomba do Espírito de Deus. Incrível.

Grandes pecadores perderam sua inocência em muitas áreas de suas vidas. Entretanto, para a maioria deles, no fundo de seus corações permanece uma inocência que pertence ao Próprio Espírito Santo. Para muitos que se encontraram em pecado profundo, essa parte do coração ainda é um território virgem. Já vi isso muitas vezes. Os mais corruptos, os mais imorais e enganosos são transformados em um instante quando o Espírito Santo vem sobre eles. Sob toda a calosidade causada pelo pecado, estava um lugar de profunda sensibilidade. É um lugar que nenhum de nós pode ver sem a ajuda do Espírito Santo. Incrivelmente, os corações deles responderam a Deus quando Ele apareceu. Foi a eles a quem Jesus se referiu quando disse: *"Portanto, Eu lhe digo, os muitos pecados dela lhe foram perdoados; pois ela amou muito. Mas aquele a quem pouco foi perdoado, pouco ama"* (Lc 7:47). E essa é a resposta que declara que eles são dignos da Presença.

De modo contrário, aqueles que têm sido expostos demais às coisas de Deus frequentemente são os que constroem uma resistência a Ele. Superexposição muitas vezes acontece quando uma pessoa recebe muito ensinamento da Palavra, mas não chega ao ponto de se render totalmente. Foi o que aconteceu com os fariseus. Aqueles que eram os mais treinados para reconhecer o Messias quando Ele viesse, perderam-No completamente. Rendição total nos atrai a encontros com Deus que nos mantêm sensíveis. Sem esse elemento, nós nos tornamos resistentes à própria palavra que foi dada para nos transformar. É algo similar à forma como é feita a vacinação. Somos expostos a pequenas porções de uma doença específica, o que faz com que nosso corpo crie uma resistência. Jesus não deve ser experimentado em pequenas porções. Devemos nos render a Ele completamente e com todo o coração. Algo menos do que isso frequentemente acarretará o resultado oposto do que Ele deseja para nós.

Esta definitivamente é uma aventura fascinante: encontrar aqueles que são receptivos ao Espírito Santo. Sei que nem sempre respondi bem a Ele. Mesmo hoje, aprender a deixá-Lo guiar na dança parece como um objetivo para a vida toda.

Viver em Deus – Consciente de Sua Presença

No Céu, não há pensamentos vazios de Deus. Ele é a luz, a vida e o coração do Seu mundo. O Céu é repleto de perfeita segurança e confiança em Deus. Por outro lado, este mundo é repleto de desconfiança e caos.

Sempre liberaremos a realidade do mundo de que estamos mais cientes. Viver consciente de Deus é uma parte essencial do comando de viver Nele. O irmão Lawrence, do século XVI, ilustrou esse tema singularmente bem. É apresentado no livro *The Practice of the Presence of God* (A Prática da Presença de Deus). Diziam sobre ele que não havia diferença entre seus tempos de oração e seus tempos trabalhando na cozinha. Sua consciência de Deus e sua comunhão com Ele eram as mesmas em qualquer ocasião.

Viver com consciência contínua de Deus deve ser uma meta suprema para qualquer um que compreende o privilégio de hospedá-Lo. Ele é o Espírito Santo, o que torna a santidade uma grande parte do foco de nossas vidas. Porém, Ele é tão bom quanto Ele é santo. Fico preocupado quando as pessoas têm ambição pela santidade sem descobrir a pedra angular da nossa teologia: Deus é bom. Tenho aprendido que toda minha ambição, minha disciplina e meu arrependimento profundo tiveram pouco efeito em minha vida no que diz respeito à santidade. Um estilo de vida santo se tornou o resultado natural de me deleitar Naquele que é santo – Aquele que me aceita como sou. Todos os esforços suados não mudaram nada de valor em minha vida, a não ser me tornarem orgulhoso e miserável. Gostaria de ter descoberto esse aspecto da vida cristã muito antes na minha caminhada com o Senhor. Certamente teria me salvado de anos de frustração.

Desenvolvendo uma Consciência de Deus

Todo crente está ciente de Deus, mas nem sempre num nível consciente. Desenvolver essa consciência é um dos aspectos mais importantes de nossa vida em Cristo. Ele é chamado de "Deus conosco". Conhecê-Lo dessa forma é essencial para o nosso desenvolvimento.

Um amigo meu que é piloto, certa vez, me contou sobre um teste que é feito com os pilotos em seu treinamento. O aluno é colocado num simulador de voo que é capaz de recriar a atmosfera de um avião de verdade em alta altitude. Ele deve ser capaz de reconhecer se há pane no avião. Por exemplo, um aviso alerta quando os níveis de oxigênio ficam muito baixos. O oxigênio reserva então é usado para manter todos vivos. Mas o que fazer se o sistema de aviso de perigo iminente falhar? Esse é o objetivo do teste. Descobriram que o corpo de cada pessoa reage de forma diferente à diminuição de oxigênio. O músculo da perna de uma pessoa pode se contrair enquanto outra pessoa pode se arrepiar. É realmente diverso assim. A pessoa que controla o simulador duplica a atmosfera de um avião voando em alta altitude. Depois, lentamente faz com que os níveis de oxigênio diminuam. O piloto então deve escrever qualquer sensação que sinta em seu corpo. E pouco antes de ele desmaiar, os níveis são restaurados ao normal. Quando termina, o piloto tem uma lista de sinais de alerta para ajudá-lo a saber se, quando sua perna contrair durante o voo, ele deve checar o oxigênio. Observe que sem o treinamento do instrutor de voo para voltar a atenção dos pilotos para os sinais de seus corpos, eles nunca saberiam que o que estava acontecendo com eles não era normal. Certamente, eles nunca saberiam que seu corpo estava lhes dando um sinal de alerta de baixo oxigênio. Geralmente, vivemos numa ignorância similar quanto à Presença de Deus.

Cada crente experimenta a Presença de Deus de uma forma, mas frequentemente permanecemos sem treinamento. Isso acontece principalmente numa cultura que tem enfatizado as forças cognitivas acima das capacidades espirituais e sensoriais. Por exemplo, nossos corpos foram criados com a capacidade de reconhecer a Presença de Deus. O salmista disse que até mesmo sua carne clamava pelo Deus vivo (ver Salmo 84, ACF). O autor de Hebreus ensinou que um sinal de maturidade é a capacidade de discernir o bem e o mal através de nossos sentidos: *"Mas o alimento sólido é para os adultos, os quais, pelo exercício constante, tornaram-se aptos para discernir tanto o bem quanto o mal"* (Hb 5:14).

Aqueles que são treinados para reconhecer dinheiro falso nunca estudam sobre dinheiro falso, já que as possibilidades de fabricar dinheiro falso são infinitas. Eles são imersos na experiência de estarem sempre expostos ao dinheiro verdadeiro. Então, o falso automaticamente se destaca. O mesmo se aplica ao desenvolvimento de nossos sentidos para discernir o bem e o mal. A imersão na descoberta da Presença de Deus sobre nós (o Espírito dado sem medida) fará com que qualquer coisa contrária se destaque. Geralmente, meu coração pode dizer se algo está certo ou errado. Mas já ouvi Deus falar de forma que apenas meus sentidos naturais podiam captar o que Ele estava dizendo ou revelando. Ele faz isso intencionalmente para nos treinar como bons soldados em Seu exército para ouvirmos em todos os contextos em que Ele possa estar movendo ou falando. Isso nos torna capazes de estarmos preparados "a tempo e fora de tempo".

Descubra-O Através do Afeto

O Espírito Santo é um parceiro incrível. Ele é muito sensível e está sempre por perto. Uma das coisas que descobri, quase acidentalmente, é que sempre que volto meu afeto a Ele, Ele começa a manifestar sobre mim. Aprender a mostrar afeto a Ele e reconhecer Sua resposta é algo de valor indescritível para mim. Ele vem. E Sua vinda sempre é maravilhosa.

Tem sido uma prática minha durante muitos anos agora ir dormir à noite com esse simples ato: mostrar meu afeto a Ele até que eu sinta Sua Presença pousar sobre mim. Como estou com vontade de dormir, não uso esse momento para cantar louvores ou interceder por alguma grande necessidade. Eu simplesmente O amo até que meu coração fique aquecido por Sua Presença. Se acordo durante a noite, eu volto meu coração para Ele novamente e durmo conectado a Ele.

É importante saber como a vida funciona. Quando Deus criou todas as coisas, *"passaram-se a tarde e a manhã"* todos os dias. Isso se repete muitas vezes em Gênesis capítulo 1. O dia começa à noite. Dar a Ele nossas noites é a maneira de começar o nosso dia. Muitas pessoas teriam dias melhores se soubessem dar a Ele suas noites. Para muitos, o tormento experimentado nas horas noturnas chegaria ao fim com essa simples ação. Inicie seu dia à noite dando a Ele seu afeto até que seu coração fique aquecido, e isso afetará o seu dia.

Voltando a uma Antiga Lição

Após Sua ressurreição, Jesus encontrou Seus discípulos numa sala em que estavam escondidos. Mas não era um encontro planejado por eles. Eles estavam se escondendo porque temiam ser os próximos a serem mortos pelos líderes religiosos. Jesus entrou na sala pela parede ou simplesmente apareceu na sala. Isso não deve ter ajudado muito a atenuar o medo deles. Jesus respondeu ao pânico deles com *"Paz seja com vocês!"* (Jo 20:19). Porém, eles não agarraram o que Jesus colocou disponível para eles. Quando a paz é dada, ela deve ser recebida a fim de ser aproveitada. Depois disso, Jesus lhes mostrou Suas mãos e Seu lado para que pudessem ver as cicatrizes da crucificação. *"Os discípulos alegraram-se quando viram o Senhor"* (Jo 20:20). Foi somente após verem as cicatrizes que eles O reconheceram. Então Ele declarou paz sobre eles novamente.

Jesus geralmente vem de maneira diferente do que pensamos. Ele fez o mesmo com os homens na estrada para Emaús (ver Lucas 24:13-32). Eles não O reconheceram, apesar de Jesus ter falado das Escrituras para eles a ponto de sentirem seus corações queimarem. Somente depois que Ele partiu o pão na mesa do jantar, os olhos daqueles homens foram abertos para enxergar quem Ele era. Nas duas ocasiões, Seus seguidores perceberam quem Ele era apenas após voltarem sua atenção para a cruz – as cicatrizes da perfuração do Seu lado pela lança e dos pregos em Suas mãos, e o pão, que falava do Seu corpo crucificado. O mover de Deus tem que ter a cruz como ponto central para manter sua genuinidade – mantendo as coisas mais importantes em primeiro lugar. O trono é o centro de Seu Reino, e em Seu trono está sentado o Cordeiro de Deus. O sacrifício de sangue será honrado e celebrado ao longo de toda a eternidade. Enquanto é a ressurreição que ilustra corretamente e capacita a vida cristã, é a cruz que nos leva a ela. Não há ressurreição sem a cruz.

"Paz seja com vocês!" Jesus retornou à lição que havia dado a eles quando receberam a primeira comissão em Mateus 10:8-12. Ele os ensinou a liberar paz quando entrassem numa casa. Jesus acalmou uma tempestade com paz. *"Ele se levantou, repreendeu o vento e disse ao mar: 'Aquiete-se!*

Acalme-se!' O vento se aquietou, e fez-se completa bonança" (Mc 4:39). Mas foi na tempestade que Ele dormiu. Nós temos autoridade sobre qualquer tempestade na qual podemos dormir. Nós temos que ter paz para poder enviá-la. Permanecer em paz nos torna uma grande ameaça para qualquer tempestade.

Depois que Jesus mostrou Suas cicatrizes, eles creram. Ele declarou paz sobre eles mais uma vez, já que Ele é o Deus da segunda chance. Eles aparentemente foram receptivos à paz dessa vez porque em seguida Jesus deu a eles a maior comissão que alguém já recebeu. *"Novamente Jesus disse: "Paz seja com vocês! Assim como o Pai Me enviou, Eu os envio"* (Jo 20:21). Aqui está: como o Pai Me enviou, Eu também os envio. Impressionante. Não há maior chamado do que caminhar no chamado de Jesus. No entanto, se isso não bastasse, chegamos à parte que o torna possível. *"E com isso, soprou sobre eles e disse: 'Recebam o Espírito Santo'"* (Jo 20:22).

Se, após dizer que assim como o Pai O enviou Ele também nos envia, Jesus tivesse servido um banquete aos pobres, poderíamos dizer que alimentar os pobres seria o principal ministério em que devemos andar. Se prosseguisse essa grande comissão com um culto de duas horas de adoração, diríamos que essa é a principal função da nossa caminhada. Qualquer ação que siga o comando será enfatizada como principal. Já que é algo tão incomum, essa ação de Jesus se perde na longa lista de atividades que somente Deus pode fazer – enviar o Espírito Dele. Eu gostaria de sugerir que Jesus estava modelando a natureza de todo o ministério nesse único ato. Fazer o que Ele fez envolve enviar a pomba (Espírito Santo) até que Ele encontre lugares (pessoas) em que pousar. Com esse único ato, Jesus resume a vida daqueles que O seguem na maior comissão – como o Pai me enviou, Eu também os envio – agora enviem o Espírito de Deus.

Poder e Autoridade

Jesus já havia dado poder e autoridade aos discípulos enquanto Ele ainda estava na Terra. Eles cooperavam com o Espírito quando estavam nas "viagens missionárias" e durante o ministério terreno de Jesus. É interessante que o que Ele lhes deu não durou após Sua morte e ressurreição. Jesus lhes deu experiência com Ele e os capacitou a agir debaixo do guarda-chuva de Sua autoridade e poder, e eles foram bem-sucedidos. Mas agora eles teriam que ter suas próprias experiências com Deus para ter esses dois ingredientes necessários.

Quando os discípulos receberam o Espírito Santo em João 20, eles nasceram de novo. Eles receberam uma comissão de Deus que foi reafirmada e expandida em Mateus:

> *Portanto, vão e façam discípulos de todas as nações, batizando-os em nome do Pai e do Filho e do Espírito Santo, ensinando-os a obedecer a tudo o que Eu lhes ordenei. E Eu estarei sempre com vocês, até o fim dos tempos.*
>
> Mateus 28:19-20

Depois disso, eles receberam a ordem de não sair de Jerusalém até que fossem revestidos com o poder do Céu. *"Eu lhes envio a promessa de Meu Pai; mas fiquem na cidade até serem revestidos do poder do alto"* (Lc 24:49). A autoridade vem com a comissão, mas o poder vem com o encontro. Eles foram ordenados a não deixar a cidade antes de terem um encontro com o Espírito de Deus. Em Mateus 28, eles receberam autoridade, mas em Atos 2 receberam poder. Até hoje isso é verdadeiro: a autoridade vem da comissão e o poder vem do encontro. E apesar de esses dois elementos parecerem ter seu foco principal no ministério, eles são primeiramente essenciais para firmamos nosso relacionamento com o Espírito Santo. Poder e autoridade nos apresentam à natureza do Espírito Santo com foco principal em hospedar Sua Presença. O ministério deve fluir do relacionamento com a pessoa que vive em nós por causa de nós, mas repousa sobre nós por causa dos outros.

Liberando Sua Presença

Provavelmente, há maneiras incontáveis de liberar a Presença de Deus. Eu conheço quatro que são intencionais.

Palavra

Jesus usava esse método frequentemente. Ele apenas dizia o que ouvia do Pai. Isso significa que cada palavra que falava tinha origem no coração do Pai. Quando Ele proclamou a Sua mensagem mais perturbadora, as multidões O abandonaram em massa. Isso tudo aconteceu em João 6. Nessa mensagem, Ele falou de como as pessoas teriam que comer Sua carne e beber Seu sangue para ter parte Nele. Nunca antes Jesus havia ensinado algo tão grotesco. Para os ouvintes, Ele estava falando sobre canibalismo. Nós sabemos que essa não era a intenção Dele, mas nós vivemos depois do fato. E a parte mais incrível para mim é que Jesus não se importou em explicar o que queria dizer. Provavelmente, não existe nenhum professor ou pastor vivo que não se certifique de que as pessoas entenderam o que ele disse, principalmente ao ver os ouvintes murmurando e deixando o lugar. Entretanto, isso cumpriu o propósito de Jesus, já que a multidão queria torná-Lo rei à força. Quando Ele perguntou aos Seus discípulos se Eles também partiriam, Pedro respondeu: *"Senhor, para quem iremos? Tu tens as palavras de vida eterna"* (Jo 6:68). Sob o meu ponto de vista, Pedro estava dizendo: "Nós não entendemos o Teu ensinamento mais do que aqueles que foram embora, mas o que realmente sabemos é que sempre que falas, nos sentimos vivos por dentro. Quando falas, descobrimos por que estamos vivos!"

Apenas alguns versículos antes, Jesus explicou uma parte especialmente importante da vida cristã de ministério quando disse: *"As palavras que Eu lhes disse são espírito e vida"* (Jo 6:63). Jesus era a palavra que se tornou carne, mas quando Ele falava, a palavra se tornava Espírito. É isso que acontece quando falamos o que o Pai diz. Todos nós já experimentamos isso: estamos numa situação turbulenta e uma pessoa entra na sala e diz algo que transforma a atmosfera de todo lugar. Não é meramente porque ela chegou com uma grande ideia, mas porque falou algo que se tornou material – uma substância que mudou a atmosfera. O que aconteceu? Algo foi falado na hora certa com um propósito. Ela disse o que o Pai estava falando. Palavras se tornam espírito.

Palavras são as ferramentas com as quais Deus criou o mundo. A palavra falada também é central para criar a fé em nós (ver Romanos 10:17). A palavra dita por Ele é criativa por natureza. Falar o que o Pai diz libera a natureza criativa e a Presença de Deus numa situação para trazer Sua influência e mudança.

ATO DE FÉ

A Presença Dele acompanha os Seus atos. A fé traz uma liberação substancial da Presença, que é visível em todo o tempo no ministério de Jesus. Um ato de fé é qualquer ação exterior que demonstra a fé interior. Por exemplo, já disse para pessoas com calcanhar ou pernas seriamente feridas correrem. Assim que o fizeram, foram curadas. Como? A Presença é liberada na ação. Isso é algo que eu nunca faria baseado no princípio de fé. Somente estou disposto a dar essa direção baseado na Presença. Muitos líderes cometem um imenso erro nesse ponto. Eu nunca vou exigir que alguém se coloque em risco com base em um princípio. Se eu estou enfrentando algo que parece ser um obstáculo na minha caminhada com Cristo, às vezes posso exigir um ato ousado da minha parte com base em um princípio – mas nunca de outra pessoa.

ATO PROFÉTICO

Essa é uma faceta singular da vida cristã já que requer uma ação que aparentemente não tem conexão com o resultado desejado. Enquanto pisar com um calcanhar ferido está conectado ao resultado almejado – um calcanhar curado – um ato profético não tem nenhuma conexão. Um grande exemplo seria quando Eliseu foi informado sobre o ferro de um machado emprestado que havia caído no rio. A Bíblia diz o seguinte *"Eliseu cortou um galho e o jogou ali, fazendo o ferro flutuar"* (2 Rs 6:6). Você pode jogar galhos na água o dia todo e nunca fará um ferro flutuar. O ato aparentemente não tem relação com o resultado. A força do ato profético é que ele vem do coração de Deus. É um ato profético de obediência que tem sua lógica fora do raciocínio humano.

Já vi isso acontecer muitas vezes quando alguém deseja um milagre. Pedi para que saíssem de onde estavam sentadas e fosse para o corredor da igreja. Não foi porque havia mais poder do Espírito Santo no corredor, mas porque era um ato profético que liberaria a presença do Espírito Santo sobre elas. Jesus operou assim muitas vezes. Certa vez, disse a um cego que se lavasse no tanque de Siloé (ver João 9:7). Não há poder de cura no tanque. O milagre foi liberado no ato de ir e se lavar – sem relação lógica com o resultado desejado.

TOQUE

A imposição de mãos é uma das doutrinas primárias da igreja especificamente referida como uma doutrina de Cristo (ver Hebreus 6:1-2). Era uma prática no Antigo Testamento também. O sacerdote impunha as mãos sobre o cordeiro para simbolicamente liberar os pecados de Israel naquele animal que depois seria solto no deserto. A imposição de mãos sobre o cordeiro era para liberar algo que ajudaria Israel a atingir seu propósito. Também era usado para transmitir autoridade, como no caso de Moisés e as autoridades. O apóstolo Paulo impôs as mãos sobre Timóteo para liberar sua comissão apostólica. Em Atos, mãos eram impostas sobre pessoas para o derramamento do Espírito Santo sobre elas (ver Atos 8:18). A questão é a seguinte: a imposição de mãos sobre as pessoas é uma ferramenta que Deus usa para liberar a realidade do Reino Dele e da Presença Dele sobre elas.

Sem Intenção

Além da liberação intencional da Presença de Deus, existem inúmeras formas de Sua Presença ser liberada que não são intencionais da nossa parte. Porém, ao cooperarmos com Ele, elas se tornam normais.

SOMBRA

A sombra de Pedro é umas das maiores histórias sobre o transbordar da Presença em uma pessoa. Não há indicação de que Pedro conduzia ou esperava aquilo. Mas as pessoas aprenderam a acessar o que repousava sobre ele. Nossa sombra sempre irá liberar aquilo que pairar sobre nós. Ser um lugar onde repousa o Espírito Santo faz com que a sombra e os panos/vestes ungidos sejam itens de grande poder em nossas vidas. Não creio que esse princípio tenha alguma coisa a ver com nossa sombra. Está relacionado à proximidade com a unção. Algumas coisas que se tornam possíveis através de nós não têm nada a ver com a nossa fé. Elas têm tudo a ver com quem repousa sobre nós – a quem damos lugar. Nesse contexto, coisas boas acontecem mais por acidente do que costumavam acontecer de propósito.

COMPAIXÃO

Eu listo isso como não intencional porque vem de dentro, quase como um vulcão. Na Bíblia há muitas referências de quando Jesus era movido pela compaixão e curava alguém. Estar disposto a amar as pessoas com o amor de Cristo traz o miraculoso para o primeiro plano. As pessoas frequentemente confundem compaixão com pena. A pena dá atenção a uma pessoa com necessidade, mas não a liberta. A compaixão, por outro lado, vem para libertar as pessoas. A pena é a impostora da compaixão.

VESTES

Elas operam através do mesmo princípio da sombra mencionado acima. A Presença manifesta de Deus sobre uma pessoa torna possíveis coisas inimagináveis. A Presença de Deus é absorvida inclusive pelas roupas!

ADORAÇÃO

A adoração tem um efeito incomum à nossa volta. Sabemos que Deus habita em nossos louvores (ver Salmos 22:3). É evidente que a Presença é liberada. A atmosfera é transformada. De fato, a atmosfera de Jerusalém foi criada em parte por causa da adoração. *"Nós os ouvimos declarar as maravilhas de Deus em nossa própria língua!"* (At 2:11). Aquele louvor a Deus colaborou para a mudança atmosférica de uma cidade inteira, onde a cegueira espiritual havia sido removida e em seguida 3 mil pessoas fossem salvas.

Eu mesmo já vi isso quando alugamos certo local para os cultos de nossa igreja e depois ouvimos o proprietário dizer que a Presença de Deus permaneceu lá após sairmos. Um amigo meu costumava levar pessoas para as ruas de São Francisco muitos anos atrás. Elas encontravam muita resistência. Mas ele aprendeu que quando Deus está presente, Seus inimigos fogem, e estrategicamente passou a usar uma nova abordagem no ministério (ver Salmos 68). Ele dividiu sua equipe em duas. Uma metade ia adorar, e a outra ia ministrar sobre as pessoas. A polícia disse para ele que quando ele estava nas ruas, o crime parava. Esse é um resultado incrível da pomba sendo enviada sobre uma parte da cidade. A atmosfera muda quando é dado à Presença de Deus Seu lugar apropriado.

A Missão Suprema

Não consigo pensar em outro privilégio maior do que o de carregar a Presença do Espírito Santo neste mundo e então buscar portas abertas para liberá-Lo. Certa vez, um profeta amigo meu me disse: "Se você conhecer uma igreja a qual acha que eu devo ir, diga-me, e eu irei até lá". Ele estava basicamente me dizendo: "Você tem favor diante dos meus olhos. E se você quiser que eu vá a alguma igreja, eu mostrarei a ela o mesmo favor que eu mostraria a você". De alguma forma, essa é a natureza desse chamado supremo. Quando hospedamos a Sua Presença corretamente, em relacionamento, Ele nos permite o privilégio crescente de liberar Sua Presença em várias situações e nas vidas das pessoas a quem ministramos. Ele mostrará a elas o mesmo favor que Ele tem nos mostrado.

10

O Lado Prático de Sua Presença

Não tenho certeza de quando aconteceu, nem de como aconteceu, mas em alguma época da história da Igreja, o sermão se tornou o foco dos nossos cultos. Certamente, a mudança foi sutil e até justificada: é o grande valor que damos à Palavra de Deus. No entanto, para mim, essa razão não é suficiente. Não digo isso para desvalorizar as Escrituras. Acontece que a presença física da Bíblia nunca deveria se tornar o substituto do Espírito de Deus sobre Seu povo.

Israel acampava em volta do tabernáculo de Moisés, que abrigava a Arca da Aliança. Era ali que a Presença de Deus habitava. Era o centro absoluto da vida da nação. Isso era prático para eles. Israel acampava em volta da Presença de Deus, enquanto a igreja frequentemente acampa em torno de um sermão. De alguma forma, devemos ajustar o que for necessário para redescobrir a natureza prática da Presença de Deus sendo central em tudo o que fazemos e somos.

Dizem que 95% das atividades da igreja primitiva teriam parado se o Espírito Santo tivesse sido removido delas. Mas também é declarado que 95% das atividades da igreja moderna continuariam normalmente porque há tão pouco reconhecimento da Sua Presença. Felizmente, essa porcentagem está mudando, pois Deus tem nos preparado para Seu forte sopro da Presença nesses últimos dias e sua respectiva colheita. Porém, ainda temos um longo caminho a seguir.

Sermos centrados na Presença como igreja, família e indivíduos deve ser uma prioridade novamente. É o que está no coração de Deus para nós, pois nos ajuda a amadurecer na tão importante questão de confiança.

Com Todo Nosso Coração

Um dos pensamentos mais arrogantes que podem entrar na mente é que a Presença de Deus não é prática. Uma mentira como essa nos impede de descobrir o quanto o Senhor está perto. Ele é o autor do livro, o criador da vida e a inspiração para a canção. Ele é o supremo em praticidade.

Viver consciente de Sua Presença conosco é uma das partes mais essenciais desta vida. Seu nome é Emanuel, que significa Deus conosco. O estilo de vida Deus conosco é o que herdamos de Jesus. Devemos viver com a mesma prioridade da Presença para ter o mesmo impacto e propósito que Ele teve.

> *Confie no Senhor de todo o seu coração e não se apoie em seu próprio entendimento; reconheça o Senhor em todos os seus caminhos, e ele endireitará as suas veredas.*
>
> *Provérbios 3:5-6*

A confiança nos levará além do entendimento a esferas que somente a fé pode descobrir. A confiança é construída através da interação e da consequente descoberta de Sua natureza, que é boa e perfeita em todos os sentidos. Nós não cremos porque entendemos. Nós entendemos porque cremos. O entendimento que recebemos dessa maneira é da "mente renovada". A descoberta de uma expressão mais completa da natureza e da

Presença de Deus é aumentada de maneira exponencial com um simples elemento chamado confiança.

Reconhecer a Deus é o resultado natural de quando confiamos Nele. Aquele em quem confiamos acima de nossa existência deve ser reconhecido em todo aspecto e em toda parte da vida. A palavra 'reconhecer' na verdade significa 'conhecer'. É uma palavra excepcionalmente grande encontrada nas Escrituras, com uma grande variedade de significados. Mas, para mim, o que mais se destaca é que essa palavra frequentemente aponta para a área da experiência pessoal. É maior do que o conhecimento mental. Está além dos conceitos em si. É um conhecimento através de encontro. Aliás, Gênesis 4:1 diz: *"E conheceu Adão a Eva, sua mulher, e ela concebeu e deu à luz a Caim"* (ACF). Obviamente, uma palavra dessa natureza é mais do que uma ideia. É uma profunda interação.

A Jornada à Presença

A confiança torna Sua Presença mais detectável. Deus se torna muito mais tangível para quem olha para Ele com confiança e expectativa. Como já mencionei, minha ferramenta mais forte para descobrir a Presença de Deus é o meu afeto por Ele. Mesmo assim, Ele é o iniciador. Ele é apaixonado pela humanidade e escolhe se aproximar nesses momentos gloriosos. Não posso imaginar a vida sem o privilégio maravilhoso de amá-Lo. Ele se aproxima. Chega bem perto.

Essa passagem de Provérbios 3 indica que quem confia no Senhor deve reconhecê-Lo até conhecê-Lo e encontrá-Lo. Minha paráfrase pessoal seria algo como: "Em cada parte da sua vida reconheça-O até que isso se torne um encontro pessoal com Ele. Ele tornará sua vida melhor". Nunca gostei da ideia de apresentar fórmulas que barateiam nossa caminhada com o Senhor, e certamente não quero parecer estar fazendo isso. Entretanto, reconhecer a Presença de Deus e ter um encontro com Ele certamente farão as coisas funcionarem melhor na vida. É uma certeza. É essencial que o autor, criador e inspiração da própria vida esteja a bordo – com nosso total reconhecimento.

Muitos de nós têm buscado uma vida de fé por muitas razões importantes. A esfera dos milagres é uma delas. Milagres são agora uma parte normal de nossas vidas em quantidades que nunca achei possíveis. É maravilhoso. Mas ultimamente tenho me perguntado se não poderíamos ir além do que temos visto na esfera dos milagres se usássemos nossa fé para descobrir a Presença de Deus assim como a temos usado para alcançar vitórias. O ponto central é: use sua fé para descobrir a Presença permanente de Deus em sua vida. Ele nunca nos desaponta. O resultado impressionante é aprender a viver as questões da vida com a Presença de Deus. Jesus fez isso perfeitamente.

A Presença de Deus sobre nós nos norteia perfeitamente. Quando a bússola do meu coração descobre a Presença de Deus, todas as outras coisas se encaixam mais facilmente. E mesmo que eu não tenha a resposta que estou procurando em cada área específica de necessidade, reconheço que a Presença me guarda do medo e da ansiedade que bloqueia o meu acesso às respostas. A ordem divina enche a vida daquele que tem a Presença como prioridade.

Arrependimento Profundo

A confiança é a expressão natural daquele em arrependimento profundo. A natureza dessas duas realidades é bem ilustrada no verso 1 de Hebreus 6: *"arrependimento de atos que conduzem à morte, da fé em Deus"*. Neste versículo, vemos a natureza do arrependimento e da fé – arrependimento *de* algo e fé *em* alguém. A imagem é a de alguém mudando de direção, de uma coisa para outra. Neste caso, é do pecado para o Próprio Deus. A Presença Dele é descoberta no arrependimento.

Arrependimento significa mudar a forma como pensamos. Nossa perspectiva muda a respeito do pecado e de Deus. Com profunda tristeza confessamos (reconhecemos completamente nosso pecado sem desculpas) e nos voltamos para Deus (em quem colocamos toda nossa confiança).

Uma ilustração parecida é feita em Atos. *"Arrependam-se, pois, e voltem-se para Deus, para que os seus pecados sejam cancelados, para que ve-*

nham tempos de descanso da parte do Senhor" (Atos 3:19-20). Note o resultado final – que venham tempos de descanso da parte do Senhor. Nesses dois versículos vemos o padrão, a ordem que Deus criou para nos levar a Ele, à Sua Presença manifesta. Enquanto éramos pecadores, Deus nos escolheu para conhecê-Lo de maneira que pudéssemos ser totalmente restaurados ao nosso propósito original, viver em Sua Presença e hospedá-la.

Ou andamos em arrependimento ou precisamos nos arrepender. O arrependimento é um estilo de vida de estar face a face com Deus. Se não temos isso, devemos voltar. Devemos nos arrepender.

Oração no Espírito Santo

Neste livro, focamos dizer que a Presença de Deus é descoberta em oração. E apesar de isso ser uma verdade óbvia, muitas pessoas aprendem a orar sem a Presença, pensando que Deus está procurando a disciplina delas. A disciplina é uma parte importante da caminhada com Cristo, com certeza. Porém, o propósito do cristianismo nunca foi ser conhecido por suas disciplinas, mas por suas paixões.

A oração é a expressão suprema do relacionamento com Deus. É a aventura de descobrir e orar de acordo com o coração Dele. Muitos passam a vida orando a Deus, enquanto poderiam estar orando com Deus. Essa parceria, com suas respostas e vitórias, deve ser a fonte da nossa plenitude de alegria.

Edifiquem-se, porém, amados, na santíssima fé que vocês têm, orando no Espírito Santo.

Judas 1:20

Orem no Espírito em todas as ocasiões, com toda oração e súplica.

Efésios 6:18

Quem fala em língua a si mesmo se edifica.

1 Coríntios 14:4

Quando fazemos orações ungidas, oramos de acordo com o coração de Deus. O coração Dele está sendo expresso através de palavras, emoções e decreto. Encontrar o coração de Deus é uma maneira certa de se encaixar em Sua Presença. O privilégio de trabalhar junto com Ele é uma parte da missão dada àqueles que se doariam para hospedar bem Sua Presença.

Orar em línguas nos edifica e fortalece. Nesse tipo de oração, a Presença de Deus nos lava para nos trazer grande refresco. Eu acho um pouco triste quando as pessoas enfatizam que as línguas são o menor dos dons, o que parece lhes dar o direito de ignorá-lo ao buscar somente os maiores dons. Se algum dos meus filhos pegasse o presente que eu lhe dei de aniversário ou natal e recusasse abri-lo porque o considerou de menor valor do que os outros, ele iria ouvir de mim um sermão que não esqueceria tão cedo. Qualquer dom que vem de Deus é maravilhoso, glorioso e extremamente necessário para viver em Seus propósitos plenos para nós. Esse dom em particular é brilhantemente eficaz para viver na Presença continuamente.

Expressão Criativa

Um dos grandes mistérios da vida é ver os descendentes do Criador mostrarem tão pouca criatividade na igreja e na vida em geral. Eu não acho que essa carência venha de pessoas que gostam de ficar entediadas ou gostam de controlar tudo. Geralmente, vem de um desentendimento sobre quem Ele é e como Ele é. As pessoas muitas vezes temem tanto estarem erradas que não se atrevem a tentar algo novo, pensando que irão desagradar a Deus. Se mais pessoas descansassem em Sua bondade, nós provavelmente propagaríamos uma imagem mais correta do Deus que nunca é chato. Ele ainda é criativo. E é da nossa natureza sermos também.

Durante meus tempos de oração, tenho que ter papel e caneta comigo por causa das ideias que tenho enquanto oro. Eu costumava pensar que era o diabo tentando me distrair enquanto eu orava. Isso acontecia porque eu media minha oração pelo tempo que passava numa conversa em que só eu falava. Deus mede a oração através do tempo que passamos em interação com Ele.

Tempo na Presença do Senhor libera ideias criativas. Quando passo tempo com Deus, lembro-me de ligações que preciso fazer, projetos que já havia esquecido há muito tempo e coisas que havia planejado de fazer com minha esposa ou meus filhos. As ideias fluem livremente nesse ambiente porque é assim que Ele é. Tenho ideias em Sua Presença que eu nunca teria em outro lugar. Discernimento sobre como resolver problemas ou sobre pessoas que precisam ser reconhecidas vem todo nesse momento de troca de comunhão entre Deus e o homem. Devemos parar de culpar o diabo por todas essas interrupções. (Muitos de nós enxergam um diabo muito grande diante de um Deus muito pequeno). E enquanto o inimigo de nossas almas trabalha para nos distrair da Presença, ele muitas vezes leva a culpa quando nem está por perto por causa do nosso desentendimento sobre o que o nosso Pai valoriza. Quando nos damos conta de que muitas vezes é Deus interagindo conosco, podemos aproveitar muito mais o processo e agradecê-Lo por preocupar-se com esses detalhes de nossas vidas que às vezes consideramos pequenos demais para Seu envolvimento. O que importa para nós importa para Ele. Essas ideias são o fruto de uma conversa de mão dupla. No entanto, a fim de não deixar o privilégio da interação com Deus para fazer outras coisas, eu escrevo essas ideias no papel para que eu possa retornar à minha adoração e comunhão com Ele. As anotações que faço me dão direções que eu posso checar depois.

Pelo fato de Deus estar repousando sobre nós, devemos esperar novos níveis de ideias criativas para impactar nosso mundo. Ao falar de criatividade, não estou me referindo apenas à arte ou à composição de músicas. Criatividade é o toque do Criador em todas as áreas da vida. É a necessidade do contador e do advogado, tanto quanto a do ator e do músico. Devemos ter expectativas disso quando somos filhos do Próprio Criador.

Tempo de Oração, Tempo de Adoração

Meus tempos de oração têm cada vez menos a ver com questões de necessidade, e têm cada vez mais a ver com descobrir a pessoa maravilhosa que Se doou livre e completamente por mim. Lembro-me de ouvir Derek

Prince pregar sobre esse assunto quarenta anos atrás, pois me impactou profundamente. Ele disse que se temos dez minutos para orar, gastemos oito em adoração. É incrível o quanto podemos pedir em dois minutos.

A adoração se tornou uma parte primária da vida. É maravilhoso quando adoramos em nossos cultos, mas é superficial quando é apenas nos cultos. Minha vida pessoal deve ser de contínua adoração para experimentar as transformações pelas quais anseio. Sempre nos tornamos como aquele a quem adoramos.

Eu ainda creio na oração e na intercessão. É uma alegria. Porém, meu coração tem essa inclinação para a Presença que é maior do que as respostas que procuro. Existe uma pessoa a ser descoberta, diariamente. Ele deve ser desfrutado e descoberto repetidamente. Essa é Sua ideia. Eu posso buscá-Lo apenas porque Ele me encontrou.

Férias de Cinco Minutos

Uma das partes mais significativas da minha vida são os cinco minutos de férias que tiro. Eles podem acontecer a qualquer hora em qualquer lugar. A quantidade de tempo pode variar, mas a atividade se mantém a mesma. Por exemplo, se estou no meu escritório, peço a minha secretária que segure minhas ligações por alguns minutos. Sento-me e geralmente fecho os olhos e faço uma oração como essa: "Deus, irei me sentar aqui em silêncio, simplesmente para ser objeto do Seu amor". O fluir do amor Dele por nós é imenso, comparado com as águas que fluem nas Cataratas do Niágara – exceto que o Niágara é pequeno demais. Tornar-se consciente desse amor e experimentá-lo é maravilhoso além das palavras. E ainda tem o benefício adicional de lançar fora todo o medo.

Existem apenas duas emoções básicas na vida: amor e medo. Voltar minha atenção para o amor Dele por mim apenas aumenta meu amor por Ele. É uma festa de amor sem fim, na qual eu me deleito Nele enquanto Ele se deleita em mim, o que apenas aumenta meu deleite Nele. Ele é o prazer máximo e deve ser estimado como tal.

Muitos de nós foram criados pensando que havia muito trabalho na oração. Na verdade, eu ainda valorizo esse modelo, mas agora somente quando resulta do estilo de vida na Presença e na paixão. A oração é muito mais eficaz quando estou apaixonado. Descobrir Sua Presença diariamente é a maneira infalível de permanecer apaixonado.

Tenho posto o Senhor continuamente diante de mim; por isso que Ele está à minha mão direita, nunca vacilarei.

Salmos 16:8 (ACF)

Esse salmo de Davi é um dos meus favoritos por várias razões. É um salmo de descoberta da Presença. É concluído no versículo 11 com *"na Tua presença há fartura de alegrias; à Tua mão direita há delícias perpetuamente"* (ACF). Fartura de alegrias. Onde? Na Presença! Haveria mais alegria na casa se nos tornássemos mais conscientes Daquele que mora nela.

O versículo mencionado acima é singular por causa do seguinte conceito – *Tenho posto o Senhor continuamente diante de mim*. Aqui a palavra 'posto' significa 'colocado', ou seja, colocar algo em seu devido lugar. Colocar Deus diante de si se tornou uma prática diária para Davi. Ele voltou sua atenção para o Pai até que se tornasse sensível a Ele. Davi, o mais honrado nas Escrituras como um homem da Presença de Deus, disse que era assim que levava a vida. Considerando o resultado da vida dele, acho que não é um exagero dizer que isso foi o segredo de seu sucesso na Presença. Ele sabia que se não voltasse sua atenção para o Senhor, que estava com ele, viveria sem direção. Ele ficaria sem o ponto de referência em sua bússola que coloca todas as outras coisas da vida em seu devido lugar.

Leia Até Que Ele Fale

Enquanto a adoração é a maneira principal que Deus usou para me ensinar sobre Sua Presença, a segunda mais importante seria meus encontros com Ele através de Sua Palavra. Eu amo tanto as Escrituras. A maior parte do que aprendi sobre a voz de Deus tem sido aprendido na leitura da Sua Palavra. Eu creio no estudo intenso das Escrituras, mas leio principalmente por prazer. Na verdade, eu sempre leio por prazer.

Deus já falou comigo inúmeras vezes ao longo dos anos através das páginas de Seu livro. Agora, tenho o hábito de ir à Sua Palavra quando preciso de direção, conforto, discernimento ou sabedoria. Se estou atribulado com alguma coisa, leio Salmos. Todas as emoções são bem representadas naquele livro. E eu leio até ouvir minha voz num salmo. Quando ouço o clamor do meu coração, sei que encontrei a página certa onde parar e me alimentar. Deve ser parecido com as ovelhas que encontram um pasto abundante onde se alimentar. Elas param e tiram proveito do lugar. Assim é a minha vida. Eu paro e me alimento da interação maravilhosa, da voz e da real Presença de Deus que é manifesta através da Sua Palavra.

"A fé vem por se ouvir a mensagem, e a mensagem é ouvida mediante a palavra de Cristo" (Rm 10:17). Há duas coisas importantes que eu gostaria de apontar nesse grande versículo. A primeira é o fato de que a fé vem do ouvir, não de ter ouvido. A segunda é que a fé não vem necessariamente de ouvir a Palavra. A fé vem do ouvir. A nossa capacidade de ouvir vem da Palavra. Ser alguém que ouve agora é ser alguém que tem um futuro de grande fé. Nossa vida inteira está ligada à voz Dele. O homem vive de *"toda palavra que procede da boca de Deus"* (Mt 4:4).

Comunhão com o Corpo

Deus ama a Igreja. Ele ama a ideia, o potencial e tudo que tem a ver com a Igreja, o corpo de Seu filho na Terra. Aliás, Ele declarou que o zelo por essa casa O consumia! Ele devotou Sua força, sabedoria e Suas intensas emoções a essa casa na Terra: Seu eterno lugar de habitação.

As experiências que tenho a sós com Deus no meu lar não têm preço. Não as trocaria por nada no mundo. Mas tampouco trocaria os momentos maravilhosos que tenho tido ao longo dos anos nas reuniões de centenas e milhares. Esses também são momentos impagáveis que nos preparam para a eternidade em que pessoas de todas as tribos e línguas darão louvores ao Senhor. Essa é uma alegria indescritível.

Algumas coisas são reservadas para o indivíduo. Mas algumas coisas são preciosas demais para serem dadas apenas a uma pessoa. Elas devem ser compartilhadas com um grupo de pessoas, um corpo, a Igreja. E há aspectos da Presença de Deus que somente serão experimentados em nossas reuniões. A liberação exponencial e a descoberta da Presença são iguais ao tamanho do grupo de pessoas unidas com o propósito de exaltar o nome de Jesus em louvor.

Há vezes em que Deus nos permite reconhecer Sua Presença apenas em meio à multidão. Isso não é uma rejeição. Ele simplesmente anseia que compartilhemos Sua alegria no todo.

Construindo um Histórico Pessoal

Ao longo dos anos, muitas pessoas têm chegado até mim pedindo oração para a liberação de um dom para o ministério através da imposição de mãos, geralmente acompanhado de profecia. Tem sido um grande privilégio de vida ver como Deus usa a sede dessas pessoas e a unção na minha vida para impactar outro vaso disponível. E apesar de a imposição de mãos ter se tornado mais importante nos últimos anos (como deveria ser), para alguns ela tem se tornado um atalho para a maturidade, que realmente só pode ser desenvolvida através de muitas horas de serviço fiel. Receber uma resposta instantânea é quase sempre preferido por aqueles criados nessa cultura de gratificação imediata. Às vezes esquecemos: os dons são gratuitos. A maturidade é cara.

Creio que dar e receber a imposição de mãos é um privilégio maravilhoso. Mas como muitos, eu já vi isso sofrer abusos. Esse abuso provavelmente é a razão por que muitos da geração dos meus pais rejeitavam completamente o conceito de imposição de mãos. Mas os testemunhos desse grande princípio estão trazendo frutos inegáveis para a glória de Deus. Aprender como acessar a grande unção na vida de outra pessoa é uma chave importante para a conquista pessoal.

A liberação de um dom através da imposição de mãos é um feito totalmente de Deus. Nós não somos máquinas automáticas em que alguém digita seu pedido, aperta um botão e recebe o dom desejado. Às vezes, as pessoas me dizem que querem o dobro do que eu tenho. Bem, eu também! Se fosse assim tão fácil, eu estenderia as mãos sobre mim mesmo e oraria "Receba o dobro!". Ultimamente, tenho dito às pessoas: "Eu posso estender as mãos sobre você e liberar unção sobre sua vida conforme Deus quiser. Mas não posso dar a você minha história com Deus".

Existe algo impagável na vida de uma pessoa que deve ser desenvolvido e protegido a todo custo: sua história particular com Deus. Se você faz história com Deus, Deus fará história através de você. Essa história é criada quando ninguém está olhando – é quem nós somos quando estamos sozinhos. É vista no clamor de nossos corações, na forma como pensamos, no que oramos e em como valorizamos o Próprio Deus. Nossas vidas são moldadas quando não há ninguém para aplaudir nossos sacrifícios e esforços.

Esses são os momentos em que aprendemos mais sobre hospedar Sua Presença. É quando não há ninguém por quem orar, ninguém a quem servir – é onde as fronteiras relacionais são determinadas. Estou aqui porque Deus pode me usar, ou estou rendido porque Ele é Deus e não existe honra maior na vida? Jesus teve Seu encontro com o Espírito Santo em Seu batismo nas águas. Uma multidão assistiu. Provavelmente poucos, se houve alguém, tinham ideia do que estava acontecendo. Entretanto, era nas noites no monte, quando ninguém estava vendo, que Suas grandes conquistas aconteciam. A história foi feita Nele antes de a História ter sido feita através Dele. Ele amou o Pai antes de poder revelar o Pai.

11

Batismo de Fogo

João Batista foi o maior dos profetas do Novo Testamento. Sua responsabilidade, sua unção e sua posição na História o colocam no topo da lista. Foi Jesus quem apontou esse fato em Sua notável afirmação sobre João em Mateus 11. Mais da metade do capítulo foi dedicada para honrá-lo.

João foi imensamente abençoado, ele andou no Espírito e no poder de Elias, acabou com o silêncio do Céu com seus clamores sobre a chegada do Reino de Deus e recebeu o privilégio de preparar o caminho para o Messias. No entanto, de acordo com João, lhe faltava um ingrediente importante: ser batizado por Jesus. Esse desejo veio à tona quando Jesus foi até ele para ser batizado nas águas. João teve dificuldades de entender como ele poderia batizá-Lo se Jesus não tinha necessidades. No contraste impressionante com a perfeição de Jesus, João reconheceu sua necessidade. Ele confessou seu desejo com *"Eu preciso ser batizado por Ti"* (Mt 3:14). É interessante que tudo isso aconteceu logo após João ter profetizado: *"Ele os batizará com o Espírito Santo e com fogo"* (Mt 3:11). Aquilo estava fresco em sua mente. Esse foi o contexto de sua confissão. João desejava e precisava do batismo com fogo – o batismo no Espírito Santo. É esse dom essencial de Deus que torna possível que *"o menor no Reino dos Céus* [seja] *maior do que ele"* (Mt 11:11). João não tinha acesso àquele batismo, porém é esse batismo que faz com que todo crente do Novo Testamento seja maior do que o maior dos profetas do Antigo Testamento. Esse é um fogo num nível completamente novo. E esse fogo é a Presença.

O Guarda-Chuva da Graça

Jesus levou os discípulos à autoridade e ao poder em que Ele vivia. Como eu mencionei antes, eles operavam sob o guarda-chuva da experiência de Jesus e como resultado disso foram capacitados a representá-Lo. Mas antes de Ele deixar a Terra para viver à direita do Pai, Ele se certificou de que os discípulos soubessem que a esfera em que haviam vivido com Ele por três anos e meio nunca seria suficiente para os dias vindouros. Eles teriam que obter seu próprio poder e autoridade.

Mateus 28 oferece a mais completa e conhecida passagem sobre a Grande Comissão:

> *Foi-Me dada toda a autoridade no Céu e na Terra. Portanto, vão e façam discípulos de todas as nações, batizando-os em nome do Pai e do Filho e do Espírito Santo, ensinando-os a obedecer a tudo o que Eu lhes ordenei. E Eu estarei sempre com vocês, até o fim dos tempos.*
>
> *Mateus 28:18-20*

Aqui Jesus declara que Ele tem toda autoridade, o que obviamente implica que o diabo não tem nenhuma. Naquele momento, Ele dá a comissão aos Seus seguidores. O segredo desse momento é que a autoridade é dada juntamente com a comissão. Ele então os instrui a esperar em Jerusalém até que sejam vestidos com o poder do alto.

Assim como a autoridade vem com a comissão, o poder vem com o encontro. Vemos isso na vida de Jesus, e também vale para os Seus discípulos. E não é diferente para nós. Não há nada que treinamento, estudo ou associação com as pessoas certas possam fazer para substituir isso. Nada pode substituir o encontro divino. Todos devem ter seu próprio encontro.

Tragicamente, muitos param antes de ter um encontro divino porque ficam satisfeitos com uma boa teologia. Quando um conceito é visto nas Escrituras, ele pode ser compartilhado com outros apesar de não haver nenhuma experiência pessoal para sustentá-lo. O verdadeiro aprendizado vem através da experiência, não através do conceito por si só. Frequentemente, podemos ser culpados por procurarmos apenas por algo que esteja em nossa lista do que constitui um encontro "bíblico" com Deus. As listas de várias experiências descobertas nas Escrituras não contêm Deus; elas revelam Deus. Em outras palavras, Ele é maior do que o Seu livro, e não está limitado a fazer algo por nós exatamente da forma como fez para alguém antes. Ele continua sendo criativo, cada vez revelando o quão maravilhoso Ele é.

Muitos não se dão conta de que o que é necessário nessa busca por mais é uma rendição a Deus que atrai algo que não pode ser explicado, controlado, ou compreendido. Devemos encontrar Aquele que é maior do que nós em todos os sentidos até que Ele deixe Sua marca. Isso é maravilhoso, glorioso e temeroso.

Minha História – Gloriosa, mas Não Agradável

Em minha busca pessoal por mais poder e unção no meu ministério, viajei para muitas cidades, inclusive Toronto. Deus tem usado minhas experiências nesses lugares para me preparar para encontros transformadores em casa.

Certa vez, no meio da noite, Deus respondeu às minhas orações por mais Dele, porém, não da forma como eu esperava. De repente acordei de um sono profundo. Uma energia inexplicável começou a pulsar através do meu corpo, parecia faltar pouco para eu ser eletrocutado. Era como se eu estivesse ligado a uma tomada com mil volts de eletricidade passando pelo meu corpo. Meus braços e minhas pernas disparavam em explosões silenciosas como se algo estivesse sendo liberado através das minhas mãos e dos meus pés. Quanto mais eu tentava pará-la, pior ficava.

Logo descobri que aquilo não era uma luta que eu iria vencer. Eu não ouvi nenhuma voz e não tive nenhuma visão. Era simplesmente a experiência mais extraordinária da minha vida. Era poder puro... era Deus. Ele veio em resposta a uma oração que eu havia feito durante meses – Deus, eu tenho que ter mais de Ti a qualquer custo!

A noite anterior havia sido gloriosa. Tivemos uma reunião com um grande amigo e profeta, Dick Joyce. O ano era 1995. Ao término da reunião, orei por um amigo que estava tendo dificuldade de experimentar a Presença de Deus. Disse a ele que eu sentia que Deus iria surpreendê-lo com um encontro que poderia acontecer no meio do dia ou até mesmo às 3 da manhã. Quando o poder veio sobre mim naquela noite, eu olhei para o relógio e eram exatamente 3 horas da madrugada. Aí eu soube que eu havia caído numa armadilha.

Durante meses, eu estive pedindo a Deus para receber mais Dele. Eu não tinha certeza de como era a maneira correta de orar, e também não compreendia a doutrina por trás do meu pedido. Tudo o que eu sabia era que eu estava sedento de Deus. Era o meu clamor constante dia e noite.

Aquele momento divino foi glorioso, mas não agradável. A princípio, eu fiquei envergonhado, apesar de ser o único a saber que eu estava naquela condição. Enquanto eu estava ali deitado, tive uma imagem mental de mim diante da minha congregação, pregando a Palavra como eu amo fazer. Mas me vi com os braços e as pernas agitados como se eu tivesse sérios problemas físicos. Depois, a cena mudou – eu estava caminhando na principal rua da minha cidade, em frente ao meu restaurante favorito, e novamente meus braços e minhas pernas se moviam descontroladamente.

Eu achava que ninguém acreditaria que aquilo havia vindo de Deus. Lembrei-me de Jacó e seu encontro com o anjo do Senhor. Ele mancou pelo resto de sua vida. E depois pensei em Maria, a mãe de Jesus. Ela teve uma experiência com Deus que nem mesmo seu noivo acreditou, porém a vinda de um anjo o ajudou a mudar de ideia. Como consequência, ela deu luz ao Cristo... e depois carregou um estigma pelo resto de seus dias como a mãe de uma criança ilegítima. Aquilo então estava se tornando claro para mim; o favor de Deus sob a perspectiva da Terra às vezes parece diferente da perspectiva do Céu. Meu pedido por mais de Deus tinha um preço.

As lágrimas começaram a molhar o meu travesseiro enquanto eu me lembrava das orações dos meses anteriores e as contrastava com as cenas que acabavam de passar pela minha mente. Em primeiro plano estava a percepção de que Deus queria fazer uma troca – mais da Sua Presença pela minha dignidade. É difícil explicar como saber o propósito de um encontro como esse. Tudo que posso dizer é que simplesmente se sabe. Enxergamos o propósito de Deus tão claramente que qualquer outra realidade desaparece quando Ele coloca Sua mão sobre aquela única coisa que importa para Ele.

Em meio às lágrimas, cheguei a um ponto sem volta. Com alegria, me rendi, clamando: "Mais, Deus! Mais! Eu tenho que ter mais de Ti a qualquer custo! Se eu perder minha dignidade e receber o Senhor em troca, ficarei feliz em fazer essa troca. Só me dê mais de Ti!

Os picos de energia não paravam. Eles continuaram ao longo da noite, enquanto eu chorava e orava: "Mais, Senhor, mais, por favor, mais de Ti!" Tudo terminou às 6:38 da manhã, quando eu levantei da cama completamente revigorado. Essa experiência continuou nas duas noites seguintes, começando momentos depois de eu ir para a cama.

Extremos

Há muitos encontros interessantes que Deus já teve com Seu povo ao longo dos anos. É um erro usar um como padrão para todos. Os dois encontros mais transformadores que eu já tive com Deus não poderiam ser mais diferentes um do outro. Acima, relatei a história de ser eletrocutado na Presença Dele. O outro encontro foi tão sutil que eu poderia sequer ter notado. Foi porque eu me "virei para ver". A Bíblia diz *"E [Moisés] se virava para ver... bradou Deus"*. Minha sarça em chamas era um versículo que o Espírito Santo destacou para mim. Eu parei e meditei sobre ele, buscando o que Deus poderia estar dizendo. Era maio de 1979, e nunca mais fui o mesmo desde então. Começou com algo pequeno, como uma semente. Mas tem crescido continuamente, tendo um impacto tremendo sobre como eu penso e vivo. (Foi Isaías 60:1-19, onde Deus me mostrou o propósito e a natureza da igreja).

Seu encontro com Deus pode causar uma inveja santa em mim; não é saudável julgar o que Deus fez em mim ao comparar com o que Ele fez em você. Na experiência eletrizante que mencionei acima, eu não sabia se algum dia iria levantar da cama novamente. Parecia que meus circuitos estavam queimados e que eu havia perdido a capacidade de funcionar como um ser humano normal. Esse, é claro, não foi o caso. Entretanto, eu só soube disso depois do fato: após ter dito sim ao "a qualquer custo".

O importante não é o quão intenso o encontro com Deus é, mas quanto de nós Ele aprende na experiência – e quanto da Sua Presença Ele pode confiar a nós. Jesus manifestou um estilo de vida, como homem, que é intensamente prático e não pode mais ser evitado ou considerado inalcançável. É possível carregar a Presença do Espírito Santo tão bem de forma que o Pai seja revelado a este planeta órfão. Isso satisfaz a busca pelo propósito divino muito bem. Fazer exatamente o que Ele fez é o que Jesus tinha em mente quando nos deu a comissão em João 20:21.

Aprendendo a Focar

O Salmo 37 é um dos meus salmos favoritos. Eu recorro a ele frequentemente para me alimentar repetidamente. Nele, descobri que esperar no Senhor é bem diferente do que eu originalmente pensava. Esperar não é ficar parado. É visto mais claramente ao preparar uma emboscada para aquele que prometeu: *"Eu Me deixarei ser encontrado por vocês"* (Jr 29:14). Ele quer ser achado por nós, mas devemos buscá-Lo onde Ele pode ser encontrado. Esse é um lugar de descanso que vem a partir da convicção de quem Ele é em nós e de quem nós somos Nele. Por essa razão, esperar é algo que faz sentido. O versículo 7 nos diz: *"Descanse no Senhor e aguarde por ele com paciência"*. Descansar é uma bela ilustração das pessoas que não sentem mais a pressão de lutar para serem aprovadas. Elas são contentes consigo mesmas. (Antes de sermos salvos, tentamos adquirir uma identidade que nos faça ser aceitos. Depois que somos salvos, descobrimos que somos aceitos, e que essa é a nossa identidade, e dessa realidade resulta nosso empenho).

Aguardar com paciência exige foco e força incríveis. Devemos esperar em Deus com determinação e foco inabaláveis, muito parecidos com os que Jacó teve quando lutou com o anjo. O mesmo pode ser dito sobre Eliseu quando lutou pelo manto de Elias.

Há épocas na vida em que estar envolvido em muitas atividades diversas não é apenas aceitável, é bom. Mas há épocas em que isso é fatal. Certa vez, eu estava dirigindo do norte da Califórnia para o sul. Ao sul de Bakersfield me deparei com uma tempestade de areia que quase me cegou completamente. Cobriu toda a estrada. Havia outros carros logo atrás de mim, então eu sabia que parar seria desastroso. Quando entrei naquela nuvem de poeira, pude enxergar vagamente carros e caminhões espalhados nos dois lados da estrada e as pessoas acenando desesperadamente. Conversar com os amigos, ouvir música e coisas do tipo são ações aceitáveis enquanto dirigimos, mas qualquer uma delas poderia ter sido fatal naquele momento. Um silêncio absoluto encheu o meu carro enquanto eu tentava manter a velocidade e meu foco na pista à minha frente. Depois de um ou dois minutos, conseguimos sair daquela terrível nuvem de morte apenas pela graça de Deus.

O foco intenso nos restringe do que estamos dispostos e capazes de ver. E apesar de essa abordagem nos impedir de ver muitas coisas, ela também abre nossos olhos para ver mais daquilo de que temos sede. Domínio próprio não é a capacidade de dizer não para milhares de outras vozes, é a capacidade de dizer sim para uma única coisa a ponto de não sobrar nada para dar às outras opções.

O Espírito Santo é nosso maior presente e deve ser nosso único foco. Com isso em mente, cada um de nós se torna alvo de Deus para um encontro específico que redefine nosso propósito no planeta Terra. É o batismo com fogo. Nós nascemos para queimar. E apesar de existir o perigo de voltar nossa atenção da pessoa para a experiência, o risco vale a pena. Milagres, conhecimento, ou sucesso pessoal nunca satisfarão o clamor do coração por esse batismo. E embora alguns queiram simplesmente recebê--lo, às vezes há um processo profundo envolvido. Para os 120 seguidores de Jesus, foram dez dias de oração contínua. Para mim, foi um período de oito meses em que minhas orações chegaram ao ponto de me acordar. Eu não acordava para orar. Eu acordava orando.

Todo esse foco restrito é recompensado. Eu particularmente não acho que esses encontros devem ocorrer apenas uma vez. Devemos ter encontros frequentes com Deus que recalibrem nossos corações continuamente para que possamos receber mais e mais Dele.

As pessoas sempre protegerão aquilo que valorizam. Deus nos dará a porção de Sua Presença que nós estamos dispostos a proteger com zelo.

Encontros Históricos

Quando Jesus apareceu àqueles dois homens na estrada para Emaús, Ele abriu as Escrituras para explicar por que o Cristo tinha que morrer. E embora não soubessem quem Ele era, os homens o convenceram a ficar para uma refeição. Quando Jesus partiu o pão, os olhos deles foram abertos e então Ele desapareceu. A resposta deles é uma das minhas favoritas na Bíblia: *"Não estava queimando o nosso coração, enquanto Ele nos falava...?"* (Lc 24:32). É exatamente isso que acontece comigo quando leio sobre o que esse mesmo Jesus fez na vida daqueles que se entregaram por mais. Meu coração queima.

A seguir estão algumas histórias de pessoas e experiências com Deus. São apenas poucas de muitas que deveriam ser contadas.

Dwight L. Moody

Foi alguns meses depois, enquanto caminhava nas ruas de Nova Iorque, que Dwight finalmente experimentou a vitória pela qual ele e Sarah Cooke estiveram orando juntos. Foi pouco antes de sua segunda e mais importante viagem para a Inglaterra. R.A. Torrey disse o seguinte sobre esse avanço significativo na vida de Moody:

Não muito depois, um dia na viagem para a Inglaterra, ele estava caminhando na Wall Street, em Nova Iorque; (O Sr. Moody raramente contava essa história e eu quase hesito em contá-la) e em meio à agitação e à correria daquela cidade, sua oração foi respondida; o poder de Deus veio sobre ele enquanto andava na rua, e ele teve que correr para a casa de um amigo e pedir para usar o quarto. E ali ficou sozinho por horas; e o Espírito Santo veio sobre ele, enchendo sua alma com tamanha alegria que ele teve de pedir a Deus que contivesse Sua mão senão morreria de alegria. Moody saiu daquele lugar com o poder do Espírito Santo sobre ele e, quando chegou a Londres, o poder de Deus agiu através dele poderosamente no norte da cidade, e milhares foram adicionados às igrejas e aquilo fez com que fosse convidado para participar da campanha maravilhosa que aconteceu anos mais tarde.

Moody descreve sua experiência da seguinte maneira:

Eu clamava o tempo todo para que Deus me enchesse com o Seu Espírito. Bem, certo dia, na cidade de Nova Iorque – ai, que dia! – não consigo descrevê-lo, raramente falo sobre isso; é uma experiência quase sagrada demais para receber um nome. Paulo teve uma experiência sobre a qual ele não falou por catorze anos. Só posso dizer que Deus se revelou a mim, e que tive tamanha experiência com Seu amor a ponto de pedir que Ele contivesse Sua mão. Eu voltei a pregar novamente. As mensagens eram as mesmas; eu não pregava verdades novas, porém centenas de pessoas se convertiam. Eu não voltaria para onde eu estava antes dessa experiência abençoada mesmo que me dessem o mundo todo – seria como pó sobre a balança.[11]

Evan Roberts

Durante certo período, Evan estava buscando e encontrando um relacionamento íntimo com Deus. William Davies, um diácono da Capela Moriá, havia aconselhado o jovem Evan a nunca faltar às reuniões de oração, porque se o Espírito Santo descesse, ele O perderia. Então, Evan frequentava fielmente o culto de segunda à noite na Moriah, o de terça na Pisgah, o de quarta na Moriah e quinta e sexta ia a outras reuniões de oração, além da escola bíblica. Por treze anos, ele fez isso e orou fielmente por uma visitação poderosa do Espírito Santo.

Um dia antes da escola, na primavera de 1904, Evan se deparou com o que ele chamou mais tarde de uma experiência do Monte da Transfiguração. O Senhor se revelou de uma forma tão maravilhosa e extraordinária que Evan ficou cheio de temor divino. Depois disso, ele tinha períodos de tremores incontroláveis que causaram preocupação à sua família. Durante semanas, Deus visitava Evan todas as noites. Quando a família dele o pressionava para contar as experiências, ele somente dizia que era algo indescritível. Quando chegou perto da época de entrar no segundo grau na New Castle Emlyn, ele teve medo de ir, porque estava com medo de perder os encontros com o Senhor.

Naquela época, uma convenção estava acontecendo a alguns quilômetros da faculdade, num lugar chamado Blaenanerch. Um evangelista chamado Seth Joshua liderava as reuniões. Na manhã de quinta-feira de 29 de setembro de 1904, Evan Roberts e outros 19 jovens, inclusive seu amigo Sydney Evans, compareceram à reunião. No caminho para aquele local, o Senhor tocou naqueles jovens e eles começaram a cantar: "Está vindo, está vindo – o poder do Espírito Santo – Eu recebo – eu recebo – eu recebo – o poder do Espírito Santo".

Durante a reunião das 19 horas, Evan foi profundamente tocado e se rendeu completamente no fim do culto. Quando Seth Joshua disse as palavras: *"Dobra-nos, Senhor"*, Evan foi tocado de forma que não ouvia mais nada. Depois, testificou que o Espírito de Deus sussurrou para ele: "Isso é o que você precisa".

"Dobra-me, Senhor", ele clamou. Mas o fogo não desceu. Na reunião das 21 horas, o espírito de intercessão estava movendo sobre a congregação com grande poder. Evan estava explodindo para orar. Então o Espírito de Deus lhe disse para orar publicamente. Com lágrimas rolando em seu rosto, ele começou a clamar: *"Dobra-me! Dobra-me! Dobra-me! Dobra-nos!"* Daí, o Espírito Santo desceu sobre ele com um batismo poderoso que o encheu do amor do Calvário e de amor pelo Calvário. A mensagem sobre a cruz naquela noite ficou tão marcada no coração de Evan que o grande avivamento que ele ia ajudar a liderar não teria nenhum outro tema. A partir daquela noite, Evan Roberts passou a focar num único pensamento – a salvação de almas. Historiadores se referem àquela noite como a "grande reunião de Blaenanerch".

Durante uma madrugada, um pouco depois de tudo aquilo, o companheiro de quarto e melhor amigo de Evan, Sydney Evans, entrou no quarto e viu a face dele brilhando com uma luz santa. Admirado, ele perguntou o que havia acontecido. Evan respondeu que tinha acabado de ter uma visão de todo o País de Gales ascendendo ao Céu. E depois profetizou: "Nós veremos o avivamento mais poderoso que este lugar já conheceu – e o Espírito Santo está vindo agora mesmo. Devemos nos preparar. Devemos ter uma pequena banda e sair por todo o país pregando". De repente, ele parou e, com olhos fixos em seu amigo, lhe perguntou: *"Você crê que Deus pode nos dar 100 mil almas agora?"*

A Presença do Senhor tocou Sydney de tal maneira que ele não pôde deixar de crer. Mais tarde, enquanto estava sentado numa igreja, Evan teve uma visão em que alguns de seus amigos e outros jovens lhe diziam: *"Vá a esse povo"*. Ele disse, "Senhor, se essa é a Sua vontade, eu irei". Então a capela se encheu de uma luz tão ofuscante que ele quase não conseguia enxergar o ministro no púlpito. Ele estava profundamente perturbado e quis ter certeza de que aquela visão era de Deus. Ele consultou seu tutor, que o encorajou a ir.[12]

Mel Tari

Em meados da década de 60, Tari estava sentado em sua igreja Presbiteriana enquanto as pessoas oravam, quando de repente o Espírito Santo encheu o lugar. Todos começaram a ouvir o som audível de um vento forte e veloz enchendo o salão. O alarme de incêndio da vila começou a soar e os bombeiros locais correram para o prédio. A igreja estava coberta por chamas, mas não queimava. Muitos foram salvos naquele dia. O que começou com algumas dezenas de pessoas impactaria todo o mundo.[13]

Os Profetas de Cevenas

(Século XVII) Os profetas de Cevenas na França são um estudo de caso interessante sobre o derramamento do Espírito Santo em massa. Deus iniciou um avivamento em Cevenas quando, em 1688, uma menina de 16 anos, Isabeau Vincent, começou a entrar em êxtase, tremer, desmaiar e citar versículos que sequer conhecia, além de profetizar. Às vezes, ela cantava ou pregava enquanto dormia. Ela impactava muitas pessoas, levando-as ao arrependimento. Dezenas de pessoas da vila onde ela morava receberam dons proféticos e, quando a notícia se espalhou, visitantes correram para o local. Muitos em Cevenas passaram a ter visões angelicais, e algumas vezes eram levados a reuniões secretas através de luzes no céu. Palavras de conhecimento específicas eram comuns, e todos tinham sede por santidade. O povo começou a jejuar e a orar, e suas reuniões eram marcadas por uma espontaneidade incomum e por uma adoração exuberante e demonstrativa. Manifestações físicas da presença de Deus também eram presentes em muitos crentes.[14]

Os Morávios

Os morávios de Herrnhut da Saxônia eram um grupo de cerca de 300 refugiados que viviam na propriedade do Conde Nicholaus von Zinzendorf quando, em 1727, um grande derramamento do Espírito Santo desceu. "Nós vimos a mão de Deus e Suas maravilhas, e ficamos todos debaixo da nuvem de nossos pais, batizados com o Espírito. O Espírito Santo veio sobre nós e grandes sinais e maravilhas aconteceram em nosso meio naqueles dias. A partir de então, raramente um dia se passou sem que víssemos Seu poderoso agir entre nós.[15]

George Whitefield

Whitefield teve um grande papel no Grande Avivamento iniciado por Jonathan Edwards. Muitos foram salvos em suas missões e estima-se que ele pregou para 6 milhões de pessoas sem o uso de rádio ou televisão. As reuniões de Whitefield eram criticadas por suas expressões emotivas de adoração. John Wesley descreve uma reunião de oração com Whitefield, em que o Espírito de Deus moveu sobre eles em 1739: "Aproximadamente às 3 da manhã, enquanto continuávamos em oração, o poder de Deus veio poderosamente sobre nós de tal forma que muitos bradavam de alegria transbordante enquanto outros caíam no chão. Assim que nos recuperamos um pouco do temor e da emoção da presença de Sua majestade, clamamos numa só voz: 'Nós Te louvamos, Deus, reconhecemos que és o Senhor'". Entenda que não estamos nos referindo a um alarde nem a qualquer tentativa emocional forçada de embelezar a experiência com Deus. Isso tem a ver com as repentinas e inegáveis surpresas de Sua soberania.[16]

William Seymour

O Espírito começou a descer sobre Los Angeles e as pessoas eram radicalmente cheias e caminhavam nas ruas falando em línguas. Multidões começaram a crescer naquelas reuniões domésticas, onde Seymour vivia com uma família que o hospedava. Não demorou muito até que começaram a pregar da varanda da frente enquanto as pessoas lotavam as ruas para ouvir. Eventualmente se mudaram para um antigo estábulo na Rua Azusa, 312. Foi ali, neste estábulo, em 1906, que o movimento pentecostal nasceu oficialmente.

As pessoas se rendiam e choravam. Elas falavam em línguas, riam, dançavam e bradavam. Esperavam pelo Senhor por horas, às vezes sem dizer nada. Seymour frequentemente pregava de joelhos.

"Ninguém poderia relatar todos os milagres que ocorriam lá", escreveu o historiador carismático Roberts Liardon. John G. Lake disse o seguinte sobre William Seymour: "Ele tinha mais de Deus em sua vida do que qualquer homem que eu já havia conhecido até então".

A oração durava todo o dia e toda a noite. Até mesmo bombeiros foram enviados à rua Azusa porque as pessoas tinham visto um "fogo", que na verdade era apenas a glória visível de Deus pousando no exterior do prédio. Ocorrências similares aconteceram em vários avivamentos, como no avivamento indonésio relatado por Mel Tari nos anos 70, em que bombeiros também foram enviados para apagar um "fogo de glória" que era visível por todos ao redor.

Missionários de todo o mundo começaram a chegar à rua Azusa para experimentar aquele fogo. As pessoas caíam, eram salvas e começavam a falar em línguas há quadras do prédio, mesmo sem ninguém ter orado por elas, e não tinham ideia do que estava acontecendo na missão de Azusa. Membros da congregação também saíam pelas ruas, batendo de porta em porta com pequenos frascos de óleo pedindo para orar pelos enfermos.

Seymour buscava primeira e principalmente cultivar a presença de Deus em suas reuniões. Se alguém se sentisse direcionado por Deus, levantava e começava a orar ou a pregar. Se a unção não parecesse estar sobre aquela pessoa, ela muitas vezes levava um toque no ombro para se sentar. Verdadeiramente, o Espírito Santo era o líder daquelas reuniões.[17]

John G. Lake

Numa tarde, um amigo ministro me convidou para acompanhá-lo numa visita a uma senhora que estava doente. Ao chegar à casa dela, encontramos a senhora numa cadeira de rodas. Todas as suas articulações estavam inflamadas com reumatismo. Ela estava naquela condição há 10 anos. Enquanto meu amigo conversava com ela, preparando-a para receber oração e ser curada, eu me sentei numa cadeira no outro lado da sala. Minha alma estava clamando a Deus num anseio profundo demais para pôr em palavras, quando de repente parecia que uma morna chuva tropical estava caindo sobre mim. Quer dizer, através de mim. Meu espírito, minha alma e meu corpo, sob aquela influência, foram levados a uma calma profunda que eu jamais havia sentido. Meu cérebro, que sempre era tão ativo, ficou perfeitamente tranquilo. Um temor da presença de Deus repousou sobre mim. Eu sabia que era o Senhor.

Alguns instantes se passaram; eu não sei quanto. O Espírito disse: "Eu tenho ouvido suas orações, tenho visto suas lágrimas. Você agora está batizado com o Espírito Santo". Então correntes de energia começaram a fluir em meu ser desde o topo da minha cabeça até a sola dos meus pés. Os choques de energia aumentaram em velocidade e voltagem. Enquanto aquelas correntes de energia passavam através de mim, elas pareciam vir sobre a minha cabeça, correr pelo meu corpo e passar para o chão através dos meus pés. A energia era tão grande que meu corpo começou a vibrar intensamente de forma que se eu não estivesse sentado numa poltrona tão funda, acho que teria caído no chão.

Naquele momento, observei que meu amigo estava me chamando para que eu fosse até lá me juntar a ele em oração pela mulher enferma. Em sua concentração, ele não havia notado que algo estava acontecendo comigo. Eu me levantei para me juntar a ele, mas meu corpo tremia tão violentamente que eu tinha dificuldade de atravessar a sala e, principalmente, de controlar o tremor das minhas mãos e dos meus braços. Eu sabia que não seria sábio colocar as minhas mãos sobre a mulher, já que eu poderia acabar sacudindo-a. Ocorreu a mim que era necessário apenas tocar a ponta dos meus dedos no topo da cabeça dela, pois assim as vibrações não a sacudiriam. Eu fiz isso. Imediatamente as correntes de poder santo passavam pelo meu ser, e eu sabia que também passavam pela que estava enferma. Ela não falou nada, mas parecia maravilhada com o efeito em seu corpo.

Meu amigo, que estava de joelhos enquanto conversava com ela, com muita seriedade se levantou dizendo: "Vamos orar para que o Senhor cure a senhora agora". Ele a pegou pela mão e, no instante em que as mãos deles se tocaram, um flash de poder dinâmico passou por mim e pela enferma, e como meu amigo estava segurando a mão dela, o choque de energia passou para ele também. A corrente no corpo dele foi tão forte que fez com que ele caísse no chão. Ele olhou para mim com alegria e surpresa e, pulando de pé, disse: "Glória a Deus, John, Jesus acabou de batizá-lo no Espírito Santo!"

Então, meu amigo pegou aquela mão aleijada que estava parada por tantos anos. As mãos fechadas se abriram e as articulações começaram a funcionar, primeiro os dedos, depois a mão e o pulso, depois o cotovelo e o ombro.

Essas foram as manifestações exteriores. Mas quem poderia descrever as emoções de alegria indescritível que estavam passando pelo meu espírito? Quem poderia compreender a paz e a presença de Deus que emocionavam a minha alma? Até hoje, dez anos depois, o temor daquele momento repousa sobre a minha alma. Minha experiência foi realmente como Jesus disse: *"a água que Eu lhe der se tornará* [em você] *uma fonte de água a jorrar para a vida eterna"*. Essa fonte eterna fluiu através do meu espírito, da minha alma e do meu corpo dia e noite, trazendo salvação, cura e o Batismo do Espírito Santo no poder de Deus para as multidões.[18]

Charles Finney

Charles Finney é um dos grandes avivalistas da história americana. Apesar de ser bem conhecido por avivamentos e por sua mensagem de arrependimento verdadeiro, nem todo mundo o reconhece como um grande transformador social. A libertação dos escravos e os direitos das mulheres são dois assuntos que foram muito impactados por suas mensagens. Os avivamentos eram obviamente para alcançar pessoas para Jesus, mas seu alvo ia muito além de encher igrejas com novos membros. Ele sabia que para suas pregações terem um resultado duradouro, teria que ter uma grande transformação cultural. Todos os verdadeiros ministros do evangelho devem ter isso em mente. Mas, para fins do tema deste livro, uma história se destaca nitidamente das outras. Ele escreve sobre essa experiência singular em sua autobiografia.

Certa manhã, após o café, ele entrou numa fábrica. Numa sala cheia de jovens senhoras trabalhando em suas máquinas de tecelagem, teares e outras máquinas de fiar, duas em particular se destacaram para ele. Elas pareciam um pouco agitadas, mas pareciam encobrir isso com risadas. Ele não disse nada, mas se aproximou, percebendo que uma moça tremia tanto que não conseguia enfiar a linha. Quando Finney chegou a 2 ou 3 metros de distância, elas romperam em lágrimas e caíram no chão. Em instantes, quase todos os trabalhadores na sala estavam com os rostos em lágrimas. O dono, que ainda não era convertido, reconheceu que aquele era um momento divino e ordenou que a fábrica fosse fechada a fim de dar aos funcionários uma chance de vir para Cristo. Um mini avivamento aconteceu ali e durou alguns dias. Quase toda a fábrica se converteu durante aquele período. Tudo começou com um homem sobre o qual o Espírito de Deus amava repousar. Então, sem palavra alguma, uma sala cheia de trabalhadores recebeu a convicção do Espírito Santo e se deu início a um avivamento.

Apesar de essa experiência não ter acontecido todos os dias, eu não posso deixar de pensar que talvez o Senhor esteja tentando nos atrair a uma sede maior por mais, agora que sabemos o que é possível. Esse testemunho está no currículo de Deus. Ele revela como Deus deseja impactar os arredores daqueles que O hospedam bem.[19]

Smith Wigglesworth

Aqui está a última história, que é a minha favorita deste capítulo. É uma das minhas preferidas em toda a história da Igreja. Smith era o homem da Presença.

> Havia 11 líderes cristãos em oração com nosso Irmão num culto especial à tarde. Cada um teve uma participação. Então, o Evangelista começou a orar por autoridade e, enquanto orava, cada um, de acordo com sua porção de espiritualidade, saía dali. O poder de Deus encheu a sala e eles não puderam permanecer numa atmosfera tão carregada com o poder Dele.
>
> O autor, ao ouvir sobre aquilo de um dos que estavam presentes, deixou registrado que se a oportunidade viesse, pelo menos ele permaneceria, mesmo que todos saíssem. Durante a estadia ali em Sounds, foi feita uma reunião para orar pelas outras cidades da Nova Zelândia que ainda seriam visitadas. Uma situação como a da outra reunião aconteceu. Ali estava a oportunidade, o desafio, a competição havia começado. Algumas pessoas oravam. Então Wigglesworth começou a levantar sua voz e, por mais estranho que pareça, o êxodo começou. Uma influência divina começou a encher o lugar. A sala se tornou um lugar santo. O poder de Deus começou a pesar muito. Com determinação e decisão firme de não sair dali, a única outra pessoa na sala tentou aguentar até que a pressão ficou grande demais e ela não conseguiu ficar. Com as comportas de sua alma jorrando lágrimas e com soluços incontroláveis, ele tinha que sair ou morrer; e um homem que conhecia a Deus como poucos foi deixado sozinho imerso numa atmosfera em que poucos podiam respirar.[20]

Tome Nota

Espero que você tenha notado que as histórias de encontros pessoais profundos com Deus resultaram em derramamento, movimentos, transformações sociais e, por fim, em um aumento de conscientização de Sua Presença sobre uma cidade, uma região, ou uma nação. Essas experiências afetaram tudo na vida daquelas pessoas e impactaram o mundo em sua volta. As transformações históricas de cultura não aconteceram meramente porque as pessoas assumiram postos políticos e fizeram mudanças de acordo com suas convicções. Apesar de isso poder ser bom, há algo muito melhor. A Presença. Aquelas pessoas normais se tornaram heróis da fé, não por causa de seus dons, sua inteligência, ou sua classe. Tornaram-se heróis porque aprenderam o valor de seu maior presente – o Espírito Santo.

E Agora?

Histórias como essas fazem eu me sentir como se tivesse entrado naquela nuvem de poeira na estrada novamente. Porém, dessa vez, não é o risco de um acidente que mantém meus olhos abertos. É a chance de perder o propósito que Deus tem para mim ao me preocupar com outras coisas. Coisas menores. Essas histórias são testemunhos que profetizam aquilo que Deus tornou disponível para nós durante nossa vida. Como tais, elas estabelecem um precedente legal. Os tribunais do Céu já concluíram de uma vez por todas que o tipo de vida representado nas vidas desses heróis da fé está disponível para todos.

Nós somos aqueles sobre quem as promessas dos séculos repousam. E elas dependem de sermos pessoas que têm descoberto seu propósito eterno. Nós fomos escolhidos para ser o lugar eterno da habitação de Deus. Fomos escolhidos para hospedar Sua Presença.

Notas Finais

1. O processo de como a notícia da unção de cura da sombra de Pedro se espalhou é hipotético; mas o resultado disso não é uma hipótese; é real. O foco principal aqui é o resultado.
2. Leia *Momentum: What God Starts Never Ends* de Eric Johnson e Bill Johnson para mais sobre esse assunto. Também publicado por Destiny Image Publishers.
3. O Rei Saul tentou fazer com que Davi vestisse sua armadura quando permitiu que ele lutasse contra Golias. Saul era um homem grande. A armadura não coube (ver 1 Samuel 17:38-39). Isso representa as vezes em que somos tentados a nos encaixar na missão ou no dom de outra pessoa para realizar a vontade de Deus para nossa vida. Não dá certo.
4. *The Spirit-Filled Life Bible*, página 357.
5. Este tópico é desenvolvido em meu livro *Dreaming with God*, Capítulo 10, começando na página 169.
6. *The Art of Being You: How to Live as God's Masterpiece* de Bob e Joel Kilpatrick aborda este assunto perfeitamente. Publicado pela Zondervan Publishing.

7. Meu livro, *Face to Face With God*, publicado pela Strang Publishing, tem como foco principal esse tema.

8. O maior exemplo atual que conheço disso é a IHOP – *The International House of Prayer* – (Casa Internacional de Oração) de Mike Bickle, cuja sede fica em Kansas nos Estados Unidos. É um ministério excepcional, em que adoração e intercessão são constantes e não são interrompidas por mais de 10 anos.

9. Os melhores materiais que conheço sobre esse assunto são de Ray Hughes em http://selahministries.com. Recomendo altamente Ray e seus materiais.

10. Historicamente, religião é um termo que tem sido usado no sentido positivo. Mais recentemente tem sido usado principalmente para descrever o cristianismo em sua forma sem poder, ou ritual sem vida. É nesse sentido que utilizo essa palavra.

11. Roberts Liardon, *God's Generals: The Revivalists* (New Kensington, PA: Whitaker House, 2008), 366-367.

12. Rick Joyner, *The World Aflame: Guidance from the Greatest Revival Yet and the Greater One to Come*, (New Kensington, PA: Whitaker House, 1996), 35-37.

13. John Crowder, *The New Mystics*, (Shippensburg, PA: Destiny Image Publisher, 2006), 108.

14. John Crowder, *The New Mystics*, (Shippensburg, PA: Destiny Image Publisher, 2006), 122.

15. John Crowder, *The New Mystics*, (Shippensburg, PA: Destiny Image Publisher, 2006), 169.

16. John Crowder, *The New Mystics*, (Shippensburg, PA: Destiny Image Publisher, 2006), 171.

17. John Crowder, *The New Mystics*, (Shippensburg, PA: Destiny Image Publisher, 2006), 187-189.

18. Gordon Lindsay, ed., *The Johns G. Lake Sermons on Dominion Over Demons, Disease, and Death* (Olendale, CA: The Bhurrh Press: Farson

and Sons, 1949), 5-9, used by permission of Christ for the Nations, Inc., Dallas, TX.

19. Charles G. Finney, *Memoirs of Rev. Charles G. Finney* (New York: A. S. Barnes & Company, 1896), 183-184.

20. H. V. Roberts, *New Zealand's Greatest Revival; Reprint of the 1922 Revival Classic: Smith Wigglesworth* (Dilsburg, PA: Rex Burger Books [www.klifemin.org], 1951), 46-47.

Sobre Bill Johnson

Bill Johnson é pastor de quinta geração com uma rica herança no Espírito Santo. Juntos, ele e sua esposa servem a uma quantidade crescente de igrejas que se tornaram parceiras de avivamento. Essa rede de liderança tem ultrapassado as fronteiras denominacionais, construindo relacionamentos que permitem que os líderes das igrejas caminhem com sucesso em pureza e em poder.

Bill e Brenda (Beni) Johnson são os pastores titulares da *Bethel Church* em Redding, na Califórnia. Todos os seus três filhos e seus cônjuges atuam no ministério em tempo integral. Eles também têm nove netos maravilhosos.

www.ingramcontent.com/pod-product-compliance
Lightning Source LLC
Chambersburg PA
CBHW031840090426
42741CB00005B/297